Masanobu Fukuoka

Der Große Weg hat kein Tor

Nahrung · Anbau · Leben

Liebe Freunde, Ladner und Kunden,

Das Jahr 1987 geht zu Ende. Wir hoffen, daß es für Euch ein gutes Jahr war und bedanken uns für die Mühe, die Ihr Euch mit uns und unseren Produkten gegeben habt.

Ein noch besseres Jahr 1988 wünschen

pala-verlag, Schrot & Korn, ÖkoMarkt und BioGarten

Der Titel der bei Hakujusha Co., Ltd., Tokio
erschienenen Originalausgabe lautet:
Shizen Noho Wara Ippeon No Kakumei
Übersetzung von der bei Rodale Press
erschienenen amerikanischen Ausgabe:
One Straw Revolution

ISBN: 3-923176-14-7
Deutsche Übersetzung:
Cecile Sprenger/R. Steinmeyer

Printed in Germany

Inhalt

Über die Arbeit von Masanobu Fukuoka wurde ein Film gedreht, der auch als Video erhältlich ist. Bezugsquellen für diesen Film sind beim:

pala-verlag
Schloßgraben 21
6117 Schaafheim

zu erfragen.

Zen im Garten

... so könnte der Untertitel dieses Buches auch heißen. Masanobu Fukuoka hat eine Herangehensweise an seine Arbeit als Bauer, die in der japanischen Philosophie — und damit auch im Zen — wurzelt.

Nach einem Schlüsselerlebnis und einer persönlichen Krise entschloß sich der Mikrobiologe Fukuoka, zurück in seinen Heimatort zu kehren und zu versuchen, seine philosophischen Erkenntnisse im Gartenbau umzusetzen. Und das ist ihm gelungen.

Er hat den traditionell arbeitsintensiven Getreide- und Gemüseanbau der japanischen Bauern (der in den letzten Jahrzehnten weniger arbeits-, dafür aber kapital-, maschinen- und chemieintensiver geworden ist) so weitgehend vereinfacht. Er setzt seinen Reis nicht um, er sät ihn einfach. Sein Gemüse sät er ins Unkraut — und die Pflanzen gedeihen. Aus verkommenenm, steinharten Gelände wurde nach zwanzig Jahren wieder eine Obstplantage.

Die Ideen und Erfahrungen von Fukuoka sind aber nicht nur schön und interessant zu lesen, die sind auch für uns wichtig. Getreideanbau ohne Knochenarbeit und ohne Maschinen — was in Japan möglich ist, kann auch hier verwirklicht werden. Natürlich müssen die Zeitpunkte verändert, die Pflanzenfolgen angepaßt werden. Wer aber immer getreu Fukuokas Prinzip vorgeht: „Nicht fragen, was man tun sollte — fragen, was man unterlassen kann", wird diese Hindernisse überwinden.

Der große Weg, auf dem wir zu einem besseren Leben gehen können, hat kein Tor. Er ist auch nicht weit entfernt. Es liegt an uns, anzufangen. Und wie Fukuoka zeigt, ist es keineswegs der schlechteste Idee, mit der Landwirtschaft und der eigenen Ernährung anzufangen.

Vorwort

Wer von diesem Buch erwartet, daß es nur von Ackerbau handelt, wird überrascht sein, wenn er feststellt, daß es auch ein Buch über Ernährung, über Gesundheit, über kulturelle Werte, über die Grenzen menschlichen Wissens ist. Andere, die Philosophie suchen, finden es voll mit praktischem Wissen über Reis- und Wintergetreide-Anbau, über Zitrusfrüchte und Gartengemüse auf einem japanischen Bauernhof.

Genau diese gewohnten Einstellungen — wir haben gelernt, Spezialisten zu erwarten und daß Bücher nur ein einziges Thema haben — sind der Grund, warum wir den „Großen Weg" gehen sollten. Dieses Buch ist für uns wertvoll, denn es ist praktisch und philosophisch *zugleich*. Es ist ein inspirierendes, notwendiges Buch über Landwirtschaft, weil es *nicht nur* von Landwirtschaft handelt.

Sachkundige Leser wissen natürlich, daß Fukuokas Techniken nicht direkt auf unsere Verhältnisse übertragbar sind. Es wäre aber ein Fehler, anzunehmen, daß die praktischen Passagen dieses Buches aus diesem Grunde für uns wertlos sind. Sie verdienen unsere Aufmerksamkeit, weil sie ein ausgezeichnetes *Beispiel* für das liefern, was getan werden kann, wenn Land, Klima und Früchte mit frischem Interesse, offenen Augen und Sensibilität studiert werden. Sie sind ebenso wertvoll für uns, weil sie anregend und inspirierend sind. Jeder Bauer oder Gärtner, der dies liest, schweift mit seinen Gedanken wiederholt vom Buch zu seinen Feldern, seinem Garten hin und von dort, Zusammenhänge erkennend, zum ganzen System der westlichen Landwirtschaft.

Wie viele Menschen auch hier, aber früher als die meisten, hat Fukuoka erkannt, daß wir einen Aspekt des Lebens nicht von den anderen isolieren können. Wenn wir die Art und Weise ändern, wie wir unsere Nahrung anbauen, ändern wir unsere Nahrung, ändern wir die Gesellschaft, ändern wir unsere Werte. Und so handelt dieses Buch davon, Zusammenhänge, Ursachen und Wirkungen aufmerksam zu betrachten und Verantwortung nach eigenem Wissen zu übernehmen.

Jene, die mit Literatur über organischen Gartenbau vertraut sind, erkennen die Ähnlichkeit der Entwicklung von Fukuoka und der von Sir Albert

Howard, einem der Begründer der Wissenschaft vom ökologischen Gartenbau im Westen. Wie Howard begann Fukuoka als Laborwissenschaftler und erkannte bald die Begrenzungen des Laboratoriums. Howard verlagerte seine Arbeit vom Labor auf's Feld und veränderte so sein Leben, da er erkannte, daß er seinen eigenen Rat befolgen mußte, bevor er ihn anderen Leuten anbot. Fukuoka sieht seinen eigenen Weg in der gleichen Weise: „Schließlich beschloß ich, meinen Gedanken eine Form zu geben, sie in die Praxis umzusetzen, und so zu bestimmen, ob mein Verständnis richtig oder falsch war. Mein Leben mit Ackerbau zu verbringen... das war der Weg, auf den ich mich einließ." Und er sagt: „Anstatt hundert Erklärungen anzubieten, ist es nicht das Beste, dem großen Weg zu folgen?" Wenn der Spezialist sich entscheidet, seinen eigenen Rat zu befolgen und zu *tun* beginnt, was er *predigt*, durchbricht er die Mauern seiner eigenen Spezialisierung. Wir hören ihm dann intensiver zu als vorher, weil er mit Autorität spricht — nicht nur Wissen, sondern Wissen und Erfahrung zusammen.

Wenn Fukuoka von dem spricht, was er seine „Nichts-Tun"-Anbaumethoden nennt, könnten wir an Matthäus 6,26 denken: „Betrachtet die Vögel des Himmels! Sie säen nicht, sie ernten nicht, und euer himmlischer Vater ernährt sie doch." Meiner Ansicht nach soll uns dies an unseren angemessenen Platz in der Ordnung der Dinge erinnern: Wir erschufen weder die Welt noch uns selbst. Wir leben durch Nutzung des Lebens, nicht durch dessen Erschaffung. Natürlich kann aber ein Bauer nicht ohne Arbeit leben, genau wie ein Vogel nach seiner Nahrung suchen muß. Eine Tatsache, die Fukuoka mit charakteristischem Humor anerkennt: „Ich bin ein Vertreter des ‚Nicht-Tun'-Anbaus und so kommen viele Leute, die denken, sie finden hier eine Utopie, in der man leben kann, ohne jemals aus dem Bett steigen zu müssen. Diese Leute sind dann sehr überrascht." Fukuoka wendet sich nicht gegen die Arbeit, sondern gegen *unnötige* Arbeit. Menschen arbeiten manchmal mehr als notwendig für die gewünschten Dinge, und manche Dinge, die sie sich wünschen, brauchen sie nicht.

„Nicht-Tun" bezieht sich auch auf den Umstand, daß der gesunde Menschenverstand geneigt ist, auf Experten-Autorität zu erwiedern: „ ‚Warum *nicht* dieses tun? Warum *nicht* jenes tun?' — Das war mein Weg des Denkens." Das ist die lehrreiche Einstellung von Kindern und einigen alten Leuten, die einer Wissenschaft, die voranschreitet, ohne zu fragen ‚Warum?', mit Recht mißtrauen.

Fukuoka ist ein Wissenschaftler, der gegenüber Wissenschaft argwöhnisch ist — oder gegenüber dem, was zu oft als Wissenschaft gilt. Das bedeutet nicht, daß er unpraktisch ist oder Wissen mißachtet. Sein Mißtrauen kommt in der Tat aus seiner Praxis und von dem, was er weiß. Wie Sir Albert Howard verdammt Fukuoka die Zerstückelung des Wissens durch Spezialisierung. Wie Howard möchte er sein Thema in der Gesamtheit verfolgen, und er vergißt niemals, daß die Gesamtheit sowohl das beinhaltet, was er weiß, als auch das, was er nicht weiß. Was er an den modernen Wissenschaften fürchtet, ist deren Geringschätzung von Geheimnissen, ihre Bereitschaft, das Leben darauf zu reduzieren, was darüber bekannt ist und in der Annahme zu handeln, daß das, was sie nicht weiß, ruhig ignoriert werden kann. ,,Natur, wie sie von der Wissenschaft begriffen wird," sagt er, ,,ist eine Natur, die zerstört worden ist. Sie ist ein Geist, der ein Skelett besitzt, aber keine Seele." Solch ein Text läßt an ähnliches Mißtrauen denken, wie es in unserer eigenen Tradition in diesen Zeilen von Wordsworth ausgedrückt wurde:

Unser aufdringlicher Intellekt
verunstaltet die schönsten Formen der Dinge —
wir morden, um zu sezieren.

Fukuokas Wissenschaft beginnt und endet in Ehrfurcht — im Bewußtsein, daß das menschliche Verständnis notwendigerweise alles vermindert, was es hält. Es ist nicht das Wissen, so läßt sich schließen, das uns den Sinn für das Ganze gibt, sondern Freude, die wir durch *Nicht*-Fassen empfinden mögen. Wir finden ähnliches in einigen Passagen der Bibel und bei William Blake:

Wer eine Freude festzuhalten sucht,
zerstört das beflügelte Leben.
Wer aber die Freude küßt in ihrem Flug,
lebt im Sonnenaufgang der Ewigkeit.

Es ist diese Anmut, die der Ursprung von Fukuokas landwirtschaftlichen Einsichten ist: ,,Wer versteht, daß man Freude und Glück in der Anstrengung verliert, sie zu besitzen, realisiert das Wesen naturgemäßer Landwirtschaft."

Und diese ,,natürliche" Landwirtschaft, deren Quelle und Mündung Ehrfurcht ist, ist durch und durch menschlich und human. Menschen arbeiten am besten, wenn sie für das Wohl des Menschen arbeiten, nicht für ,,höhere Produktion" oder ,,gesteigerte Effizienz", die das fast ausschließliche Ziel industrieller Landwirtschaft ist. ,,Das oberste Ziel des Gartenbaus," sagt Fukuoka, ,,ist nicht der Anbau von Feldfrüchten, sondern die Kultivierung und Perfektion menschlicher Wesen." Und er spricht von Landwirtschaft als einem *Weg* ,,hier zu sein, für ein kleines Feld zu sorgen, im Vollbesitz der

Freiheit und Vielfalt jeden Tages — das muß der ursprüngliche Weg der Landwirtschaft gewesen sein.“ Eine Landwirtschaft, die heil ist, nährt die ganze Person, Körper und Seele. Wir leben nicht vom Brot allein.

Wendell Berry

Einführung

Bei einem kleinen Dorf auf der Insel Shikoku im Süden Japans hat Masanobu Fukuoka eine Methode natürlicher Landwirtschaft entwickelt, die helfen könnte, das zerstörerische Moment moderner Landwirtschaft umzukehren. Natürliche Landwirtschaft erfordert keine Maschinen, keine Chemikalien und sehr wenig Unkrautjäten. Fukuoka pflügt die Erde nicht und benutzt auch keinen fertigen Kompost. Während der Wachstumszeit setzt er seine Reisfelder nicht unter Wasser, im Gegensatz zu den jahrhundertealten Praktiken der Bauern im Orient und überall auf der Welt. Der Boden seiner Felder ist seit über 25 Jahren ungepflügt geblieben und doch sind die Erträge gut, vergleichbar mit denen der produktivsten Gegenden Japans. Seine Anbaumethode erfordert weniger Arbeit als irgendeine andere. Sie bewirkt keine Umweltverschmutzung und erfordert keinen fossilen Brennstoff.

Als ich zuerst Geschichten über Fukuoka hörte, war ich skeptisch. Wie konnte es möglich sein, jedes Jahr Reis und Wintergetreide anzubauen, einfach durch Ausstreuen des Samens auf der Oberfläche eines ungepflügten Feldes? Da mußte mehr dahinterstecken.

Mehrere Jahre hatte ich mit einer Gruppe von Freunden auf einer Farm in den Bergen nördlich von Kyoto gelebt. Wir nutzten die traditionellen Methoden japanischer Landwirtschaft, um Reis, Roggen, Gerste, Sojabohnen und verschiedene Gartengemüse anzubauen. Besucher unserer Farm sprachen oft von der Arbeit Fukuokas. Keiner von ihnen war lange genug auf seiner Farm gewesen, um die Details seiner Arbeit zu erlernen, aber ihre Erzählungen machten mich neugierig.

Wann immer es eine Pause in unserem Arbeitsplan gab, reiste ich in andere Teile des Landes, besuchte Farmen und Kommunen und arbeitete dort auch. Auf einem dieser Ausflüge stattete ich Fukuokas Farm einen Besuch ab, um selbst etwas über die Arbeit dieses Mannes zu lernen.

Ich bin nicht ganz sicher, wie ich ihn mir vorgestellt habe, aber nachdem ich so viel über den großen Lehrer gehört hatte, war ich einigermaßen überrascht zu sehen, daß er, wie ein ganz normaler japanischer Bauer, Stiefel und Arbeitskleider trug. Doch sein weißer, wuscheliger Bart und seine wache, selbstsichere Art gaben ihm den Eindruck einer höchst ungewöhnlichen Person.

Mein erster Besuch auf Fukuokas Farm dauerte dann einige Monate, ich arbeitete in den Feldern und im Zitrusgarten. Dort und in den Hütten während der Abenddiskussionen mit anderen lernenden Farmarbeitern, wurden mir die Details von Fukuokas Methode und die zugrundeliegende Philosophie allmählich klar.

Fukuokas Farm liegt an den Abhängen, die die Matsuyama Bay überblicken. Das ist „der Berg", wo seine Studenten leben und arbeiten. Die meisten von ihnen kommen an wie ich, mit einem Rucksack auf ihrem Rücken, ohne zu wissen, was sie erwartet. Sie bleiben einige Tage oder Wochen und verschwinden wieder den Berg hinunter. Es gibt aber gewöhnlich eine Kerngruppe von vier oder fünf, die dort etwa ein Jahr bleiben. Durch die Jahre sind viele Leute, Männer und Frauen, hierher gekommen, um zu bleiben und zu arbeiten.

Moderne Bequemlichkeit? Trinkwasser wird in Eimern von der Quelle geholt, die Mahlzeiten werden an einer Holzfeuerstelle gekocht, Licht geben Kerzen und Kerosinlampen. Der Berg ist reich an wilden Kräutern und Gemüsen. Fisch und Schaltiere können in nahegelegenen Flüssen gefangen werden und Seegemüse kommt von der See einige Kilometer entfernt.

Die Arbeiten wechseln mit Wetter und Jahreszeit. Der Arbeitstag beginnt etwa um 8 Uhr, die Mittagspause dauert etwa 1 Stunde (2 oder 3 Stunden in der Hitze des Hochsommers). Die Schüler kehren kurz vor Dämmerung zu ihren Hütten zurück. Neben den Feldarbeiten gibt es die täglichen Pflichten: Wasser holen, Feuerholz schneiden, Kochen, das heiße Bad vorbereiten, für die Ziegen sorgen, die Hühner füttern und ihre Eier einsammeln, sich um die Bienenstöcke kümmern, Hütten ausbessern und gelegentlich neue bauen und Miso (Sojabohnenpaste) und Tofu (Sojaquark) zubereiten.

Fukuoka stellt 10 000 Yen (etwa 35 Dollar) im Monat für die Lebenskosten der gesamten Kommune zur Verfügung. Das meiste davon wird für Sojasauce, Pflanzenöl und andere Dinge verwendet, die in kleinen Mengen schlecht zu produzieren sind. Für den Rest ihrer Bedürfnisse müssen die Schüler sich völlig auf ihre eigene Ernte verlassen, auf die Schätze der Gegend und auf ihre eigene Phantasie. Fukuoka läßt seine Studenten absichtlich auf dieser halbprimitiven Weise leben, genau wie er selbst es viele Jahre tat, denn er glaubt, diese Lebensweise entwickelt die notwendige Sensibilität, um mit seiner natürlichen Methode zu arbeiten.

In der Gegend von Shikoku, wo Fukuoka lebt, werden in den Küstenebenen Reis und an den umgebenden Hängen Zitrusfrüchte angebaut. Fukuokas

Farm besteht aus 5000 qm Reisfeldern und 5 ha Mandarinen- und Orangengärten. Das mag einem westlichen Bauern nicht viel erscheinen, weil aber all die Arbeit mit den traditionellen japanischen Handwerkzeugen getan wird, ist viel Arbeit nötig, auch um eine so kleine Landfläche zu bearbeiten.

Fukuoka arbeitet mit den Schülern im Feld und im Obstgarten, aber niemand weiß genau, wann er an den einzelnen Orten auftaucht. Er hat wohl ein Gespür dafür, zu erscheinen, wenn die Studenten ihn am wenigsten erwarten. Er ist ein energischer Mann, der immer über irgend etwas redet. Manchmal ruft er die Studenten zusammen, um über die Arbeit, die sie gerade tun, zu diskutieren und oft zeigt er Wege, wie die Arbeiten leichter und schneller vollendet werden könnten. Ein anderes Mal spricht er über den Lebenszyklus eines Unkrauts oder einer Pilzkrankheit im Obstgarten und gelegentlich hält er inne, um seine Erfahrungen zu reflektieren. Fukuoka lehrt die grundlegenden Fertigkeiten der Landwirtschaft, daneben erklärt er seine eigene Technik. Er betont die Bedeutung, Werkzeuge angemessen zu behandeln und wird es niemals müde, ihre Nützlichkeit zu demonstrieren.

Hat der Neuling erwartet, daß „natürliche Landwirtschaft" bedeutet, die Natur würde anbauen, während er sitzt und wartet, so lehrt ihn Fukuoka schnell, daß er eine ganze Menge wissen und tun muß. Der einzige *natürliche* Anbau ist Jagen und Sammeln. Der Anbau von Feldfrüchten ist eine kulturelle Neuerung, die Wissen und beharrliche Anstrengung erfordert. Der Unterschied zu normaler Landwirtschaft ist, daß Fukuoka *mit* der Natur arbeitet, statt zu versuchen, die Natur durch Unterwerfung zu veredeln.

Viele Besucher kommen nur für einen Nachmittag und Fukuoka führt sie geduldig über die Farm. Es ist nicht ungewöhnlich, ihn den Berg hinaufgehen zu sehen — mit einer Gruppe von 10 oder 15 Besuchern hinter ihm her keuchend. Aber es hat nicht immer so viele Besucher gegeben. Jahrelang, während er seine Methode entwickelte, hatte Fukuoka wenig Kontakt mit Menschen außerhalb seines Dorfes.

Als junger Mann verließ Fukuoka sein ländliches Heim und reiste nach Yokohama, um Mikrobiologe zu werden. Er wurde ein Spezialist für Pflanzenkrankheiten und arbeitete einige Jahre in einem Labor als landwirtschaftlicher Berater. In dieser Zeit hatte Fukuoka — immer noch ein junger Mann von 25 — das Erlebnis, welches die Basis seiner Lebensarbeit und das Thema dieses Buches werden sollte, den „großen Weg". Er gab seine Arbeit auf und kehrte in sein Heimatdorf zurück, um dort die Gültigkeit seiner Ideen durch Anwendung auf seinen eigenen Feldern zu prüfen.

Alles fing damit an, daß er eines Tages zufällig an einem alten Feld vorbeikam, das viele Jahre ungenutzt und ungepflügt geblieben war. Dort sah er gesunde Reissämlinge durch ein Gewirr von Gräsern und Unkräutern sprießen. Von da an hörte er auf, sein Feld zu bewässern, um Reis anzubauen. Er hörte auf, Reis im Frühjahr auszusäen und säte stattdessen im Herbst, direkt auf die Oberfläche des Feldes, wie es auch in der Natur geschehen würde. Anstatt **die Erde zu bearbeiten, um Unkraut loszuwerden, lernte er, es mit Hilfe einer dauerhaften Bodenbedeckung aus weißem Klee und einem Mulch aus Reis- und Gerstenstroh zu kontrollieren. Hat er einmal dafür gesorgt, daß die Umstände für seine Feldfrüchte günstig sind, greift Fukuoka so wenig wie möglich in die Pflanzen- und Tiergemeinschaften auf seinen Feldern ein.**

Da viele Westler, sogar Bauern, nicht mit dem Fruchtwechsel von Reis und Wintergetreide vertraut sind und weil Fukuoka sich oft auf Reisanbau bezieht, ist es notwendig, ein paar Worte über die traditionelle japanische Landwirtschaft zu sagen.

Ursprünglich wurde der Reissamen direkt in die überfluteten Flußebenen während des Monsuns ausgesät. Später wurde das Land terrassiert, um die Bewässerung auch nach dem Zurückweichen der jährlichen Überflutung zu halten.

In der traditionellen Methode, die in Japan bis Ende des 2. Weltkrieges verwendet wurde, wird der Reis in ein sorgfältig vorbereitetes Anzuchtbeet ausgesät. Darüber wird Kompost und Mist verteilt, dann wird es überflutet und gepflügt, bis es von der Konsistenz her Erbsensuppe ähnelt. Wenn die Sämlinge etwa 20 cm groß sind, werden sie von Hand auf das Feld umgepflanzt. Bei gutem Arbeitstempo kann ein erfahrener Bauer täglich ca. 1300 qm bepflanzen. Die Arbeit wird aber fast immer von vielen Leuten zusammen getan.

Ist der Reis einmal umgepflanzt, wird das Feld zwischen den Reihen leicht bearbeitet. Dann wird es handgejätet und oft gemulcht. Drei Monate bleibt das Feld überflutet, das Wasser steht 2 cm oder mehr über der Bodenoberfläche. Geerntet wird mit einer Handsichel. Der Reis wird gebündelt und einige Wochen auf Holz- oder Bambusgestelle gehängt, um vor dem Dreschen auszutrocknen. Vom Pflanzen bis zur Ernte wird jeder Zentimeter des Feldes mindestens viermal von Hand bearbeitet.

Sobald die Reisernte beendet ist, wird das Feld gepflügt und die Erde zu abgeflachten Hügeln geformt, etwa 30 cm breit, und von Entwässerungskanälen durchzogen. Die Roggen- oder Gerstensamen werden auf die Hügel gesät und mit Erde bedeckt. Dieser Intensivanbau wurde durch einen genauen Pflanzplan sowie durch ständige Versorgung der Felder mit organischer Materie und wichtigen Nährstoffen möglich. Es ist erstaunlich, daß die japanischen Bauern mit dieser Methode jahrhundertelang ein Sommer- und ein Wintergetreide anbauen konnten, ohne die Bodenfruchtbarkeit zu verringern.

Obwohl er viele Vorteile des traditionellen Anbaus anerkennt, meint Fukuoka, daß dieser überflüssige Arbeit beinhaltet. Er spricht von seinen eigenen Methoden als ,,Nichts-Tun-Anbau" und sagt, daß sie es sogar einem ,,Sonntagsgärtner" erlauben würden, Nahrung für die ganze Familie anzubauen. Das heißt nicht, daß dies völlig ohne Arbeit geschafft werden kann. Die Arbeiten auf seinem Hof sind genau eingeteilt. Was getan wird, muß richtig und mit Gefühl getan werden. Hat der Bauer einmal festgelegt, daß ein Stück Land Reis oder Gemüse tragen soll und hat er die Samen ausgestreut, muß er für die Erhaltung dieses Feldes Verantwortung übernehmen. Die Natur aufzustören und dann aufzugeben ist schädlich und unverantwortlich.

Im Herbst sät Fukuoka Reis, weißen Klee und Wintergetreide auf ein Feld und bedeckt es mit einer dicken Schicht Reisstroh. Die Gerste oder Roggen und der Klee keimen sofort, die Reissamen ruhen bis zum Frühling.

Während das Wintergetreide in den niedriger liegenden Feldern wächst und reift, werden die Obsthänge zum Zentrum der Aktivität. Die Zitrusernte dauert von Mitte November bis April.

Roggen und Gerste werden im Mai geerntet und für eine Woche oder 10 Tage auf dem Feld zum Trocknen ausgebreitet. Dann werden sie gedroschen, sortiert und zum Lagern in Säcke gefüllt. Alles Stroh wird unzerkleinert als Mulch auf dem Feld verteilt. Das Wasser wird dann kurze Zeit während des Monsunregens im Juni in dem Feld gehalten, um Klee und Unkraut zu schwächen und dem Reis eine Chance zu geben, durch die Bodenbedeckung zu sprießen. Ist das Feld wieder abgetrocknet, erholt sich der Klee und wächst unter den Reispflanzen weiter. Von da an bis zum Herbst — für die traditionellen Bauern eine Zeit schwerer Arbeit — sind in Fukuokas Reisfeldern die einzigen Arbeiten, die Entwässerungskanäle zu erhalten und die engen Wege zwischen den Feldern zu mähen.

Der Reis wird im Oktober geerntet. Das Getreide wird zum Trocknen aufgehängt und dann gedroschen. Die Herbstaussaat ist vollendet, wenn gerade die frühen Mandarinen- und Orangensorten reif und erntefertig sind.

Fukuoka erntet zwischen 1200 und 1400 kg Reis pro Morgen. Das ist annähernd der gleiche Ertrag, wie er auch mit modernen oder traditionellen Methoden in dieser Gegend erzielt wird. Der Ertrag seiner Wintergetreide-Ernte ist oft höher als jener der modernen oder traditionellen Farmer, die beide die Hügel- und Graben-Methode benutzen.

Alle drei Methoden (natürlich, traditionell und modern) ergeben vergleichbare Ernten, unterscheiden sich aber in ihrer langfristigen Wirkung erheblich. Die Ernte in Fukuokas Feldern verbessert sich mit jeder Saison. Während der letzten 25 Jahre, seitdem Fukuoka aufhörte zu pflügen, verbesserten sich Fruchtbarkeit, Struktur und Wasserspeicherfähigkeit der Felder. Mit der traditionellen Methode bleibt der Zustand der Erde über Jahrzehnte etwa gleich. Der Bauer erzielt Erträge proportional zur Kompost- und Mistmenge, die er ausbringt. Der Boden der Felder der modernen Bauern wird in kurzer Zeit leblos und seiner natürlichen Fruchtbarkeit beraubt.

Einer der größten Vorzüge von Fukuokas Methode ist, daß Reis ohne Überschwemmung der Felder während der ganzen Wachstumszeit angebaut werden kann. Wenige Leute haben das jemals für möglich gehalten. Es ist möglich — und Fukuoka behauptet, daß Reis auf diese Weise besser wächst. Die alte Sorte von Glutin-(Stärke-)Reis, die er anbaut, hat zwischen 250 und 300 Körner pro Pflanze.

Die Verwendung von Mulch steigert die Fähigkeit des Bodens, Wasser zu speichern. An vielen Orten kann natürlicher Anbau die Notwendigkeit der Bewässerung vollständig ersetzen. Reis und andere ertragreiche Feldfrüchte können daher in Gebieten angebaut werden, die früher als unkultivierbar galten. Steiles und anderweitig unfruchtbares Land kann ohne Erosionsgefahr bebaut werden. Durch natürlichen Anbau können Böden, die durch landwirtschaftliche Praktiken oder Chemikalien geschädigt sind, wieder gesunden.

Pflanzenkrankheiten und Insekten sind in diesen Feldern und im Obstgarten vorhanden, die Ernten werden aber niemals vernichtet. Die Schädigung wirkt nur auf die schwächsten Pflanzen ein. Fukuoka beharrt darauf, daß die beste Krankheits- und Insektenkontrolle der Anbau von Pflanzen in einer gesunden Umwelt ist.

Die Obstbäume in Fukuokas Hain sind nicht niedrig und ausgelichtet, beschnitten zum leichteren Ernten, sondern dürfen zu ihren natürlichen Formen auswachsen. Gemüse und Kräuter werden an den Obsthängen mit minimaler Bodenbearbeitung gezogen. Während des Frühjahrs werden Samen von Butzenklette, Kohl, Rettich, Sojabohnen, Senf, Rüben, Karotten und anderem Gemüse vermischt und auf der freien Fläche unter den Bäumen, vor einem der langen Frühjahrsregen, ausgesät. Diese Saatmethode würde augenscheinlich nicht überall funktionieren. Es geht gut in Japan, mit seinem feuchten Klima und zuverlässigen Regenfällen während der ganzen Frühjahrsmonate. Die Bodenbeschaffenheit von Fukuokas Obstgarten ist tonig. Die obere Schicht ist reich an organischer Materie, krümelig und speichert Wasser gut. Das ist das Ergebnis der Unkraut- und Kleedecke, die im Obstgarten fortdauernd seit vielen Jahren gewachsen ist.

Das Unkraut muß zurückgeschnitten werden, wenn die Gemüsesämlinge noch jung sind. Hat sich das Gemüse aber erst einmal durchgesetzt, läßt man alles zusammen wachsen. Einiges Gemüse bleibt ungeerntet, die Samen fallen, und nach ein oder zwei Generationen kehren sie zu den Wachstumsgewohnheiten ihrer starken und leicht bitter schmeckenden wilden Vorläufer zurück. Viele dieser Gemüse wachsen völlig ohne Pflege. Kurz nachdem ich zu Fukuoka kam, spazierte ich einmal durch einen abgelegenen Teil des Obsthains und stieß unerwartet an etwas Hartes im Gras. Als ich mich bückte, um es zu untersuchen, fand ich eine Gurke und daneben eine Squash im Klee verborgen.

Jahrelang schrieb Fukuoka über seine Methode in Büchern und Zeitschriften und wurde in Radio und Fernsehen interviewt, aber fast niemand folgte seinem Beispiel. Zu jener Zeit bewegte sich die japanische Gesellschaft in die entgegengesetzte Richtung.

Nach dem 2. Weltkrieg führten die Amerikaner die moderne chemische Landwirtschaft in Japan ein. Diese ermöglichte dem japanischen Bauern, annähernd die gleichen Erträge wie mit der traditionellen Methode zu erzielen, die erforderliche Arbeitszeit wurde aber um mehr als die Hälfte reduziert. Das schien die Verwirklichung eines Traums zu sein und innerhalb einer Generation war fast jeder zur modernen Landwirtschaft übergegangen.

Jahrhundertelang hatten japanische Farmer durch Fruchtwechsel, Kompost-, Mistzugaben und Decksaaten die organische Materie der Böden erhalten. Als diese Praktiken aufgegeben und stattdessen schnellwirkende chemische Dünger benutzt wurden, war der Humus in einer einzigen Generation ausgelaugt. Die Struktur der Böden verschlechterte sich, die Pflanzen wurden schwach und von den chemischen Nährstoffen abhängig. Im Austausch für geringere Arbeit von Mensch und Tier schädigte das neue System die Fruchtbarkeit der Erde.

Während der letzten 40 Jahre wurde Fukuoka Zeuge sowohl des Niedergangs der Bodenfruchtbarkeit als auch der japanischen Gesellschaft. Die Japaner folgten naiv dem amerikanischen Modell wirtschaftlicher und industrieller Entwicklung. Die Bevölkerung veränderte sich, als Bauern vom Land in die wachsenden Industriezentren auswanderten. Das ländliche Dorf, in dem Fukuoka geboren wurde, und wo seine Familie wahrscheinlich 1400 Jahre oder länger lebte, liegt nun am Rande der vorrückenden Vororte von Matsuyama City. Eine Autobahn mit ihren „Randprodukten“ Sakeflaschen und Abfall verläuft durch Fukuokas Reisfelder.

Obwohl Fukuoka seine Philosophie nicht mit einer bestimmten religiösen Sekte oder Organisation in Verbindung bringt, sind seine Terminologie und Lehrmethoden stark vom Zen-Buddhismus und Taoismus beeinflußt. Manchmal zitiert er auch aus der Bibel und bringt Punkte der jüdischchristlichen Philosophie und Theologie ein, um zu verdeutlichen, was er sagt, oder um die Diskussion anzuregen.

Fukuoka glaubt, daß natürlicher Anbau aus der spirituellen Gesundheit des Individuums hervorgeht. Er betrachtet die Heilung des Landes und die Läuterung des menschlichen Geistes als Teil eines Prozesses und er entwirft eine Lebens- und Anbauweise, in der dieser Prozeß stattfinden kann.

Es ist unrealistisch zu glauben, daß Fukuoka in seiner Lebenszeit und unter gegenwärtigen Bedingungen seine Vision vollständig in die Praxis umsetzen kann. Auch heute, nach mehr als 30 Jahren, entwickeln sich seine Techniken noch. Sein Beitrag ist die Demonstration, daß der tägliche Prozeß der Festigung spiritueller Gesundheit eine praktische und wohltätige Umwandlung der Welt mit sich bringen kann.

Heute hat die allgemeine Erkenntnis der Langzeitgefahren der chemischen Landwirtschaft das Interesse an alternativen Anbaumethoden geweckt. Fukuoka ist in Japan als ein führender Sprecher für naturgemäße Landwirtschaft in Erscheinung getreten. Seit der Veröffentlichung dieses Buches im Oktober 1975 hat sich das Interesse an natürlichem Anbau in der japanischen Bevölkerung rapide ausgebreitet.

Während der anderthalb Jahre, die ich bei Fukuoka arbeitete, kehrte ich häufig zu meiner Farm in Kyoto zurück. Dort war jeder begierig, die neuen Methoden auszuprobieren und allmählich gingen wir auf unserem Land immer mehr zu natürlicher Anbauweise über.

Neben der traditionellen Fruchtfolge von Reis und Roggen bauten wir auch Weizen, Buchweizen, Kartoffeln, Mais und Sojabohnen nach Fukuokas Methode an. Um Mais und andere Früchte in Reihen anzubauen, die langsam keimen, drückten wir ein Loch in die Erde, mit einem Stock oder Bambusstück und legten einen Samen in jedes Loch. Dazwischen pflanzten wir Sojabohnen — entweder auf die gleiche Art oder indem wir die Samen in Lehmkügelchen drückten und über das Feld verstreuten. Dann mähten wir die Bodendecke aus Unkraut und weißem Klee ab und bedeckten das Feld mit Stroh. Der Klee kam zurück, aber erst, nachdem Mais und Sojabohnen angewachsen waren.

Fukuoka war in der Lage, uns mit einigen Vorschlägen zu helfen, aber wir mußten die Methode durch Versuch und Irrtum auf unsere verschiedenen Feldfrüchte und lokalen Bedingungen anpassen. Wir wußten von Anfang an, daß es mehr als nur ein paar Jahre dauern würde — für das Land und für unseren Geist — um zu natürlichem Anbau überzugehen. Der Übergang ist ein fortdauernder Prozeß geworden.

Larry Korn

Bemerkungen zur Übersetzung

Dies ist eine Übersetzung des englischen Buches *One Straw Revolution*. Die Bemerkungen wurden von Larry Korn zur englischen Übersetzung geschrieben.

Eine getreue Übersetzung von einer Sprache in eine andere ist herausfordernd genug, aber den Charakter und kulturellen Zusammenhang ebenso zu bewahren, ist schwieriger. Besonders das Japanische ist sehr differenziert im Ausdruck von spirituellen Erfahrungen und philosophischen Lehren, die in diesem Buch enthalten sind. Einige Begriffe wie ,,Unterscheidungs-" und ,,Nicht-Unterscheidungs-Wissen", ,,Nicht-Verstand" und ,,Nicht-Tun" haben kein Äquivalent und sind daher wörtlich mit zusätzlicher Übersetzung in Fußnoten übertragen worden.

Asiatische Philosophen benutzen paradoxe, unlogische und offenbare Widersprüche als übliche Lehrmethoden, um Gewohnheitsmuster des Denkens aufbrechen zu helfen. Solche Abschnitte sind nicht unbedingt wörtlich oder bildlich zu verstehen, sondern vielmehr als Übungen, um das Bewußtsein zu einer Wahrnehmung jenseits des Intellekts zu öffnen.

Das japanische *mugi*, als ,,Wintergetreide" übersetzt, umfaßt Weizen, Roggen und Gerste. Die Anbaumethoden für diese Getreide sind ähnlich, außer daß Weizen allgemein einige Wochen länger zum Reifen braucht. Roggen und Gerste werden in Japan viel häufiger angebaut, weil der Weizen erst Mitte der japanischen Regenzeit fertig zur Ernte ist.

Das japanische *mikan* ist als Zitrus übersetzt. Die häufigste asiatische Zitrusfrucht ist die Mandarin-Orange. Es werden in Japan viele Sorten von Mandarin-Orangen angebaut, die häufigste ist aber eine kleine Orange, sehr der Tangerine ähnlich.

Wo der Zusammenhang es erfordert, werden die genauen Wintergetreide- und Zitrus-Arten benannt.

Die Übersetzung ins Englische wurde unter Fukuokas Leitung im Frühjahr 1976 in Japan begonnen. Es ist keine wörtliche Übersetzung. Teile anderer Arbeiten Fukuokas sind, genau wie Gespräche mit ihm, im Text eingefügt worden.

Larry Korn

I

Betrachte dieses Korn

Ich glaube, daß mit diesem einen Strohhalm eine Revolution beginnen kann. Auf den ersten Blick mag der Reishalm leicht und unbedeutend sein. Wer glaubt schon, daß damit eine Revolution anfängt. Ich habe aber das Gewicht und die Kraft dieses Strohs kennengelernt. Für mich ist seine Revolution sehr real.

Betrachtet diese Roggen- und Gerstenfelder. Dieses reifende Korn erbringt etwa 1200 kg pro Morgen. Ich glaube, das kommt dem Höchstertrag in der Präfektur Ehime nahe. Und wenn das dem Höchstertrag dieser Präfektur gleicht, kann es leicht der besten Ernte des Landes gleichkommen, denn Ehime ist eine der fruchtbarsten Gegenden Japans. Und doch — diese Felder sind seit 25 Jahren nicht mehr gepflügt worden.

Die Saat? Ich säe einfach Roggen- und Gerstensamen auf getrennten Feldern breitwürfig im Herbst aus, wenn der Reis noch steht. Einige Wochen später ernte ich den Reis und verteile das Reisstroh wieder auf dem Feld.

Das gleiche gilt für die Reisaussaat. Das Wintergetreide wird um den 20. Mai herum gemäht. Etwa 2 Wochen, bevor es voll ausgereift ist, säe ich Reissamen unter den Roggen und die Gerste. Nachdem das Wintergetreide geerntet und die Ähren gedroschen sind, breite ich das Roggen- und Gerstenstroh auf dem Feld aus.

Ich denke, daß meine Anbauweise die einzige ist, die zum Pflanzen von Reis und Wintergetreide die gleiche Methode verwendet. Aber es gibt einen leichteren Weg. Während wir zum nächsten Feld gehen, laßt mich darauf hinweisen, daß der Reis dort zur gleichen Zeit wie das Wintergetreide im Herbst gesät wurde. In diesem Feld war die Aussaat des ganzen Jahres mit dem Neujahrstag beendet.

Man bemerkt auch, daß weißer Klee und Unkraut in diesem Feld wachsen. Klee wurde unter den Reispflanzen im frühen Oktober ausgesät, kurz vor Roggen und Gerste. Über das Säen von Unkräutern mache ich mir allerdings keine Gedanken — — sie kommen sehr schnell wieder.

Der Ablauf auf diesem Feld ist also: Im frühen Oktober wird Klee breitwürfig unter den Reis gesät, dann folgt Mitte des Monats Wintergetreide. Im frühen November wird der Reis geerntet, dann wird der Reis des nächsten

Jahres gesät und Stroh über die Felder ausgebreitet. Roggen und Gerste, die wir hier vor uns sehen, wurden so angebaut.

Für ein Feld von 1000 qm können ein oder zwei Leute all die Anbauarbeit für Reis und Wintergetreide in einigen wenigen Tagen tun. Es ist unwahrscheinlich, daß es einen leichteren Weg des Getreideanbaus geben könnte.

Diese Methode widerspricht völlig den modernen Landwirtschaftstechniken. Sie wirft wissenschaftliche Erkenntnise und traditionelles Anbauwissen einfach über den Haufen. Mit dieser Art von Anbau, die keine Maschinen, keine aufbereitete Dünger und keine Chemikalien verwendet, ist es möglich, eine gleiche oder größere Ernte als die der durchschnittlichen japanischen Höfe zu erzielen. Der Beweis reift vor unseren Augen.

Diese Felder sind seit 25 Jahren nicht mehr gepflügt worden.

Überhaupt nichts

Kürzlich haben Leute mich gefragt, warum ich vor so vielen Jahren mit dieser Art der Landwirtschaft begann. Bis jetzt habe ich mit niemandem darüber gesprochen. Man könnte sagen, es hatte keinen Sinn, darüber zu reden. Es war einfach — wie würde man sagen — ein Schock, ein Blitz, *ein* kleines Erlebnis, das der Anfangspunkt war.

Diese Erkenntnis veränderte mein Leben vollständig. Es ist nichts, worüber man wirklich reden kann, aber man könnte es so versuchen: ,,Die Menschheit weiß nichts. Die Dinge haben keinen inneren Wert und jede Handlung ist eine nutzlose, sinnlose Mühe.'' Das mag lächerlich erscheinen, wenn man es aber in Worte fassen will, ist das der einzige Weg, um es zu beschreiben.

Dieser ,,Gedanke'' entwickelte sich plötzlich in meinem Kopf, als ich noch ziemlich jung war. Ich wußte nicht, ob die Einsicht, daß menschliches Wissen und Mühe unbedeutend sind, gültig war oder nicht. Aber wenn ich diese Gedanken überprüfte und zu widerlegen suchte, fühlte ich nichts in mir, was ihnen widersprach. Nur die sichere Überzeugung, daß es so ist, brannte in mir.

Im Allgemeinen denken wir, daß es nichts Größeres als die menschliche Intelligenz gibt, daß menschliche Wesen Kreaturen von besonderem Wert sind und daß ihre Schöpfungen und Errungenschaften, die von Kultur und Geschichte gespiegelt werden, wunderbar sind. Jedenfalls ist diese Überzeugung weitverbreitet.

Weil das, was ich dachte, ein Leugnen dieser Ansicht war, war ich unfähig, meine Auffassung anderen mitzuteilen. Schließlich entschied ich, meinen Gedanken eine Form zu geben, sie in die Praxis umzusetzen und so festzustellen, ob mein Verständnis richtig oder falsch war. Mein Leben mit Landwirtschaft zu verbringen, Reis und Wintergetreide anzubauen — das war der Weg, den ich gehen wollte.

Und was war diese Erfahrung, die mein Leben veränderte?

Vor 40 Jahren, mit 25, arbeitete ich bei der Zollbehörde von Yokohama in der Abteilung für Pflanzenuntersuchung. Meine Hauptarbeit war die Untersuchung ein- und ausgeführter Pflanzen auf Insekten, die Krankheiten übertragen. Glücklicherweise hatte ich viel freie Zeit, die ich mit Forschungen in meinem Spezialgebiet, Pflanzenpathologie, im Labor verbrachte. Dieses Laboratorium lag in der Nähe des Yamate Park und man überblickte von der Klippe den Hafen von Yokohama. Direkt gegenüber war die katholische Kirche und im Osten lag die Ferris Mädchenschule. Es war sehr ruhig, alles in allem die perfekte Umgebung, um Forschung zu treiben.

Der Pathologe des Labors war Eiichi Kurosawa. Ich hatte Pflanzenpathologie erst unter Makoto Okera studiert, einem Lehrer der Gifu Agricultural High School, und dann unter Suehiko Igata vom Okayama Prefecture Agricultural Testing Center.

Ich hatte das Glück, Student von Professor Kurosawa zu sein. Obwohl er in der akademischen Welt weitgehend unbekannt blieb, war er es, der den Pilz, welcher die Bakanae-Krankheit bei Reis verursacht, isolierte und in Kulturen züchtete. Er war der erste, der das Pflanzenwachstumshormon Gibberellin aus der Pilzkultur extrahierte. Dieses Hormon hat den besonderen Effekt, die Pflanzen zu anomal hohem Wachstum zu bringen, wenn von den jungen Reispflanzen eine kleine Menge absorbiert wird. Im Übermaß gegeben, bewirkt es die entgegengesetzte Reaktion, das Pflanzenwachstum geht zurück. Niemand in Japan nahm von dieser Entdeckung besondere Notiz, doch im Ausland wurde sie zu einem Thema aktiver Forschung. Kurz danach machte ein Amerikaner Gebrauch von Gibberellin bei der Züchtung der kernlosen Weintraube.

Ich blickte zu Kurosawa-san (*san* ist im Japanischen eine formale Anrede, die sowohl für Männer als auch für Frauen gebraucht wird) wie zu meinem eigenen Vater auf und unter seiner Leitung widmete ich mich der Erforschung fäulnisverursachender Harzkrankheiten in Stamm, Ästen und Früchten amerikanischer und japanischer Zitrusbäume.

Ich schaute durch das Mikroskop, beobachtete Pilzkulturen, kreuzte verschiedene Pilze und erzeugte neue krankheitserregende Arten. Ich war von meiner Arbeit fasziniert. Da der Job tiefe, stetige Konzentration erforderte, gab es Zeiten, wo ich bewußtlos wurde, während ich im Labor arbeitete.

Es war auch die Zeit überschwenglicher Jugend und ich verbrachte nicht all meine Zeit abgeschlossen im Forschungslabor. Ich lebte in der Hafenstadt Yokohama, ein guter Platz, um mit allerlei Vergnügungen die Zeit totzuschlagen. Eines Tages streifte ich gespannt und mit der Kamera in der Hand am Kai und erblickte eine schöne Frau. Sie würde ein gutes Objekt für ein Foto sein und ich bat sie, für mich zu posieren. Ich half ihr auf Deck des ausländischen Schiffes, das dort ankerte, und bat sie, dahin und dorthin zu blicken und machte mehrere Aufnahmen. Sie bat mich, ihr Abzüge zu schicken, wenn die Fotos fertig waren. Als ich fragte, wohin ich sie schicken sollte, sagte sie nur, „nach Ofuna“ und ging, ohne ihren Namen zu nennen.

Nachdem ich den Film entwickelt hatte, zeigte ich die Abzüge einem Freund und fragte, ob er sie kenne. Er keuchte und sagte, ,,Das ist Mieko Takamine, der berühmte Filmstar!" Sofort schickte ich zehn vergrößerte Abzüge an sie nach Ofune. Nach kurzer Zeit kamen sie mit Autogramm versehen in der Post zurück. Eines fehlte jedoch. Als ich später darüber nachdachte, erkannte ich, daß es die Nahaufnahme war, die ich gemacht hatte. Wahrscheinlich zeigte es einige Falten in ihrem Gesicht. Ich war erfreut und dachte, mir wäre ein Blick in die weibliche Psyche gelungen.

Obwohl ich ungeschickt und linkisch war, ging ich manchmal in eine Tanzhalle in der Nankingari-Gegend. Einmal sah ich eine populäre Sängerin, Noriko Awaya, und bat sie um einen Tanz. Ich werde nie das Gefühl dieses Tanzes vergessen, ich war von ihrer Körpergröße übewältigt und bekam nicht einmal meinen Arm um ihre Hüfte herum.

Jedenfalls war ich ein sehr beschäftigter, sehr glücklicher junger Mann, verbrachte meine Tage mit Staunen über die Welt der Natur, die durch das Okular des Mikroskops offenbart wurde und war davon ergriffen, wie ähnlich diese winzige Welt der großen Welt des unendlichen Universums war. Am Abend, entweder verliebt oder nicht, zog ich herum und hatte meinen Spaß. Ich glaube, es war dieses ziellose Leben, zusammen mit Müdigkeit durch Überarbeitung, das schließlich zu Ohnmachtsanfällen im Forschungsraum führte. Die Konsequenz all dessen war, daß ich mir eine akute Lungenentzündung zuzog und ins Krankenhaus eingeliefert wurde.

Es war Winter und durch ein zerbrochenes Fenster blies der Wind Schneewirbel in den Raum. Es war warm unter den Decken, aber mein Gesicht war wie Eis. Eine Schwester maß meine Temperatur und ging danach sofort wieder. Da es ein Privatzimmer war, schauten kaum Leute herein. Ich fühlte mich der bitteren Kälte ausgesetzt und fiel plötzlich in eine Welt von Alleinsein und Einsamkeit. Ich hatte Angst vor dem Tod. Wenn ich heute darüber nachdenke, war es eine grundlose Angst, aber zu jener Zeit nahm ich sie ernst.

Schließlich wurde ich aus dem Krankenhaus entlassen, aber ich kam nicht aus der Depression heraus. Worin hatte ich bisher mein Vertrauen gesetzt? Ich war sorglos und zufrieden gewesen, was war aber die Natur dieser Selbstzufriedenheit? Ich steckte in einer Agonie des Zweifels über die Natur von Leben und Tod. Ich konnte nicht schlafen, konnte mich nicht meiner Arbeit widmen. Bei nächtlichen Wanderungen über den Klippen und am Hafen konnte ich keine Linderung finden.

Eines Nachts, als ich herumwanderte, brach ich erschöpft auf einem Berg zusammen, der den Hafen überragte und schlummerte schließlich ein, gegen den Stamm eines großen Baumes gelehnt. Dort lag ich, weder schlafend noch wach, bis zum Morgengrauen. Ich kann mich noch erinnern, daß es der Morgen des 15. Mai war. Wie betäubt sah ich den Hafen heller werden, sah den Sonnenaufgang und sah doch irgendwie nicht. Als die Brise von den Klippen aufstieg, verschwand plötzlich der Morgennebel. Genau in diesem Moment erschien ein Nachtreiher, gab einen scharfen Schrei von sich und flog in die Ferne. Ich konnte das Schlagen seiner Schwingen hören. Sofort verschwanden meine Zweifel und der düstere Nebel meiner Verwirrung. Alles, wovon ich fest überzeugt gewesen war, alles, worauf ich mich gewöhnlich verlassen hatte, wurde vom Winde fortgeweht. Ich fühlte, daß ich einfach eine Sache verstand. Ohne mein Denken über sie kamen Worte aus meinem Mund: „In dieser Welt gibt es überhaupt nichts..." Ich fühlte, daß ich nichts verstand. (*Nichts zu verstehen* in diesem Sinne bedeutet, die Unzulänglichkeit des intellektuellen Wissens zu erkennen)

Ich wußte, daß all die Konzepte, an die ich mich geklammert hatte, selbst der Begriff der Existenz an sich, leere Erscheinungen waren. Mein Geist wurde hell und klar. Ich tanzte wild vor Freude. Ich konnte die kleinen Vögel in den Bäumen zwitschern hören und die fernen Wellen in der aufgehenden Sonne glitzern sehen. Die Blätter tanzten grün und funkelnd. Ich fühlte, dies war der wahre Himmel auf Erden. Alles, was mich besessen hatte, all die Seelenkämpfe, verschwanden wie Träume und Illusionen und etwas, was man „wahre Natur" nennen mag, war offenbart.

Ich denke, es kann mit Sicherheit gesagt werden, daß seit der Erfahrung an jenem Morgen mein Leben sich vollständig veränderte.

Trotz der Veränderung blieb ich im Grunde ein durchschnittlicher, dummer Mann und darin hat sich bis heute nichts geändert. Von außen gesehen gibt es keinen gewöhnlicheren Kerl als mich und an meinem Leben war nichts Außergewöhnliches. Aber die Sicherheit, daß ich dieses eine Ding weiß, hat sich seit dieser Zeit nicht verändert. Ich habe 30, 40 Jahre mit Prüfen und Reflektieren verbracht, ob oder ob ich mich nicht geirrt habe, aber nie habe ich Beweise gefunden, die meine Überzeugung widerlegen.

Daß diese Erkenntnis selbst einen großen Wert hat, bedeutet nicht, daß ich dadurch wertvoller würde. Ich bleibe ein einfacher Mann, einfach eine alte Krähe, um es so auszudrücken. Dem zufälligen Beobachter scheine ich entweder demütig oder arrogant zu sein. Ich sage den jungen Leuten oben in meinem Obstgarten immer wieder, mich nicht zu imitieren und es ärgert mich wirklich, wenn es jemanden gibt, der sich diesen Rat nicht zu Herzen nimmt. Ich bitte sie stattdessen, daß sie einfach in der Natur leben und sich ihrer täglichen Arbeit widmen sollen. Nein, es gibt an mir nichts Besonderes, aber was ich flüchtig erblickt habe, ist ungeheuer wichtig.

Rückkehr aufs Land

An dem Tag nach dieser Erfahrung, dem 16. Mai, meldete ich mich zur Arbeit und reichte auf der Stelle meine Kündigung ein. Meine Vorgesetzten und Freunde waren überrascht. Sie hatten keine Ahnung, was sie damit anfangen sollten. Sie arrangierten eine Abschiedsfeier in einem Restaurant bei der Werft, aber die Atmosphäre war etwas sonderbar. Dieser junge Mann, der bis zum letzten Tag gut mit jedem ausgekommen war, der mit seiner Arbeit nicht besonders unzufrieden schien, der sich im Gegenteil ernsthaft seiner Forschung gewidmet hatte, kündigte plötzlich an, daß er ging. Und dort war ich, glücklich lachend.

Bei dieser Gelegenheit hielt ich eine kurze Rede: ,,Auf dieser Seite ist die Werft. Auf der anderen Seite ist Pier 4. Wenn du glaubst, es gibt Leben auf dieser Seite, dann ist der Tod auf der anderen. Wenn du die Idee des Todes loswerden willst, dann mußt du die Annahme verwerfen, daß es Leben auf dieser Seite gibt. Leben und Tod sind eins.''

Als ich dies sagte, wurde jeder noch besorgter wegen mir. ,,Was sagt er? Er muß nicht ganz bei Verstand sein.'' müssen sie gedacht haben. Sie alle verabschiedeten sich mit kläglichen Gesichtern. Ich war der einzige, der beschwingt und munter hinaus ging.

Mein Zimmergenosse war außerordentlich besorgt um mich und schlug vor, daß ich mich erholen sollte, vielleicht auf der Insel Boso. Ich wäre überall hin gegangen, wenn mich jemand darum gebeten hätte. Ich bestieg den Bus, fuhr viele Meilen, schaute hinaus auf die gefleckten Muster der Felder und kleinen Dörfer entlang der Autobahn. An einer Haltestelle sah ich ein kleines Schild mit der Aufschrift ,,Utopia''. Dort stieg ich aus dem Bus und ging auf die Suche danach.

An der Küste dort war ein kleines Gasthaus, als ich die Klippe hinaufkletterte, fand ich einen Platz mit einer wunderbaren Aussicht. Ich blieb in dem Gasthof und verbrachte die Tage dösend im hohen Gras, das Meer überschauend. Es mögen einige Tage, eine Woche oder ein Monat gewesen sein, jedenfalls blieb ich dort einige Zeit. Als die Tage vorübergingen, verblaßte meine Erheiterung und ich begann darüber nachzudenken, was geschehen wird. Man könnte sagen, schließlich kam ich wieder zu mir selbst.

Ich ging nach Tokio und blieb eine Weile, verbrachte die Tage mit Spazierengehen im Park, Leute auf der Straße anhalten und mit ihnen reden, schlief hier und dort. Mein Freund war besorgt und kam, um nach mir zu sehen. „Lebst du nicht in einer Traumwelt, in einer Art Illusion?" fragte er. „Nein," antwortete ich, „du bist es, der in einer Traumwelt lebt." Beide dachten wir: „Ich habe Recht und du bist in der Traumwelt." Als mein Freund mir ‚Auf Wiedersehen' sagen wollte, antwortete ich mit etwas wie: „Sag nicht ‚Auf Wiedersehen'. Scheiden ist einfach nur Scheiden." Mein Freund schien die Hoffnung aufgegeben zu haben.

Ich verließ Tokio, fuhr durch die Gegend von Kansai (*Osaka, Kobe, Kyoto*) und gelangte in den Süden bis Kyushu. Ich war fröhlich, trieb von Ort zu Ort mit der Brise. Ich forderte eine Menge Leute mit meiner Überzeugung heraus, daß alles bedeutungslos und ohne Wert sei, daß alles zu Nichtigkeit zurückkehrt.

Aber das war zu viel oder zu wenig für die Welt des Alltäglichen. Es gab überhaupt keine Kommunikation. Ich konnte nur daran denken, daß dieses Konzept von Nicht-Nützlichkeit für die Welt von großem Vorteil sei und besonders für die heutige Welt, die sich so rapide in die entgegengesetzte Richtung bewegt. Ich schweifte tatsächlich mit der Absicht herum, die Worte über das ganze Land zu verbreiten. Das Ergebnis war, daß ich, wo immer ich auch hinging, als Exzentriker ignoriert wurde. So kehrte ich zu meines Vaters Hof auf dem Lande zurück.

Mein Vater baute zu dieser Zeit Tangerinen an, und ich zog in eine Hütte auf dem Berg und begann ein sehr einfaches, primitives Leben zu führen. Ich dachte, daß ich hier, als Zitrus- und Getreidebauer, tatsächlich meine Erkenntnisse demonstrieren könnte, die Welt würde ihre Wahrheit erkennen. Anstatt einhundert Erklärungen anzubieten, war es nicht der beste Weg, diese Philosophie zu praktizieren? Meine Methode der *„Nichts-Tun"*-Landwirtschaft (Mit diesem Ausdruck lenkt Fukuoka die Aufmerksamkeit auf die im Vergleich große Leichtigkeit seiner Methode. Diese Anbauweise erfordert harte Arbeit, besonders bei der Ernte, aber viel weniger als andere Methoden.) begann mit diesem Gedanken. Es war im 13. Jahr der Regierung des Kaisers, 1938.

Ich ließ mich auf dem Berg nieder und alles ging gut, bis zu der Zeit, als mein Vater mich mit den reichtragenden Bäumen im Obstgarten betraute. Er hatte die Bäume schon in „die Form von Sake-Schalen" geschnitten, so daß die Früchte leicht geerntet werden konnten. Als ich sie in diesem Stadium sich selbst überließ, war das Ergebnis, daß die Äste sich ineinander verflochten, Insekten die Bäume angriffen und der ganze Garten in kurzer Zeit dahinwelkte.

Meine Überzeugung war, daß die Pflanzen für sich selbst wachsen und nicht aufgezogen werden sollten. Ich hatte in dem Glauben gehandelt, daß alles in seinem natürlichen Lauf belassen werden sollte. Ich stellte aber fest, wenn man dies plötzlich anwendet, gibt es Schwierigkeiten. Das ist Verwildern, nicht ,,natürliche Landwirtschaft''.

Mein Vater war geschockt. Er sagte, ich müsse zu Selbstdisziplin zurückfinden, vielleicht irgendwo eine Arbeit annehmen und zurückkehren, wenn ich mich wieder gefangen hätte. Zu dieser Zeit war mein Vater Vorsteher des Dorfes und es war für die anderen Mitglieder der Gemeinschaft schwierig, mit seinem exzentrischen Sohn zu tun zu haben, der offenbar mit der Welt nicht zurecht kam, der in den Bergen lebte. Überdies war mir die Aussicht auf den Militärdienst unangenehm und als der Krieg immer gewalttätiger wurde, entschied ich mich, den Wünschen meines Vaters demütig nachzugeben und eine Arbeit zu suchen.

Damals gab es wenige technische Spezialisten. Die Forschungsstation der Präfektur Kochi hörte von mir und so wurde mir der Posten des Forschungsleiters für Krankheiten- und Insektenbekämpfung angeboten. Ich drängte mich der Freundlichkeit der Präfektur Kochi für fast 8 Jahre auf. In der Forschungsstation wurde ich Inspektor der Abteilung Wissenschaftliche Landwirtschaft und widmete mich der Forschung, die Nahrungsproduktion während der Kriegszeiten zu steigern. Aber im Grunde dachte ich während dieser 8 Jahre über die Beziehung zwischen ,,wissenschaftlicher'' und ,,natürlicher'' Landwirtschaft nach. Die moderne Landwirtschaft, die die Produkte der menschlichen Intelligenz nutzbar macht, wurde als überlegen angesehen. Die Frage, die stets im Hintergrund meines Verstandes stand, war die, ob natürliche Landwirtschaft der modernen Wissenschaft entgegentreten könne oder nicht.

Als der Krieg endete, fühlte ich den frischen Wind der Freiheit und mit einem Seufzer der Befreiung kehrte ich zu meinem Heimatdorf zurück, um die Landwirtschaft aufs neue anzugehen.

Hin zu einer Nichts-Tun-Landwirtschaft

30 Jahre hatte ich nur auf meinem Hof gelebt und wenig Kontakt mit Leuten außerhalb meiner eigenen Gemeinschaft gehabt. Während jener Jahre bewegte ich mich zielstrebig auf eine landwirtschaftliche Methode des ,,Nichts-Tun" zu.

Der gewöhnliche Weg, eine Methode zu entwickeln, ist, zu fragen: ,,Warum nicht dies versuchen?" oder ,,Warum nicht das versuchen?" und nacheinander eine Vielzahl von Techniken einzubringen. Das ist moderne Landwirtschaft und führt dazu, den Bauern stärker zu beschäftigten.

Mein Weg war entgegengesetzt. Ich zielte auf eine angenehme, natürliche Anbauweise — ein Anbau, so einfach als möglich, innerhalb und in Zusammenhängen mit der natürlichen Umwelt statt der modernen Einstellung, in wachsendem Maße komplexe Technologien anzuwenden, um die Natur vollständig zum Wohl des Menschen umzuformen — die darin resultiert, die Arbeit leichter statt schwerer zu machen. ,,Warum *nicht* dies tun? Warum *nicht* jenes unterlassen?" — das war meine Art des Denkens. Letztendlich kam ich zu der Erkenntnis, daß es unnötig ist zu pflügen, unnötig, Dünger anzuwenden, unnötig, Kompost zu bereiten, unnötig, Insektizide zu benutzen. Wenn man es ganz genau nimmt, gibt es wenige landwirtschaftliche Praktiken, die wirklich nötig sind.

Der Grund, daß die verbesserten Techniken des Menschen nötig zu sein scheinen, ist der, daß das natürliche Gleichgewicht von den gleichen Techniken vorher so stark gestört worden ist, daß das Land von ihnen abhängig wurde.

Diese Gedankenkette läßt sich nicht nur auf Landwirtschaft anwenden, sondern genauso auf andere Aspekte der menschlichen Gesellschaft. Ärzte und die Medizin sind notwendig, wenn die Menschen eine krankhafte Umwelt erzeugen. Formales Schulwesen hat keinen inneren Wert, wird aber nötig, wenn die Menschheit eine Bedingung schafft, in der man ,,erzogen" werden muß, um zurecht zu kommen.

Vor Kriegsende, als ich zum Zitrushain hinaufging, um zu praktizieren, was ich damals für natürlichen Anbau hielt, beschnitt ich die Bäume nicht und überließ den Garten sich selbst. Die Äste verzweigten sich, die Bäume wurden von Insekten angegriffen und fast 8000 qm Orangen-Bäume verdorrten und starben. Von dieser Zeit an war immer die Frage ,,Was ist das natürliche Muster?" in meinem Kopf. Der Weg bis zur Antwort kostete weitere 400 Bäume. Schließlich konnte ich mit Sicherheit sagen: ,,Das ist das natürliche Muster".

Im gleichen Maße, wie Bäume von ihrer natürlichen Form abweichen, werden Beschnitt und Insektenvernichtung nötig. Im gleichen Maße, wie die menschliche Gesellschaft sich selbst von einem Leben nahe der Natur trennt, wird Schule nötig. In der Natur hat formale Schule keine Funktion.

Bei der Kindererziehung machen viele Eltern den gleichen Fehler, den ich zuerst im Obstgarten beging. Zum Beispiel ist es genauso unnötig, Kindern Musik zu lehren wie Bäume zu beschneiden. Das Ohr eines Kinde fängt die Musik. Das Murmeln eines Flusses, der Ton des Froschquakens am Ufer, das Rascheln der Blätter im Wald, all diese natürlichen Töne sind Musik — wahre Musik. Wenn aber eine Vielzahl von störenden Geräuschen auf das Ohr trifft und es verwirrt, verkommt des Kindes reine, direkte Wertschätzung der Musik. Wenn man das Kind auf diesem Weg weitergehen läßt, wird es unfähig,

30 Jahre lebte ich nur auf meinem Hof ...

den Ruf eines Vogels oder den Ton des Windes als Lieder zu hören. Darum wird Musikerziehung als wohltätig für die Kindesentwicklung betrachtet.

Das Kind, das mit einem reinen und klaren Gehör aufgezogen wird, mag nicht fähig sein, die populären Lieder auf Geige oder Klavier zu spielen, aber ich glaube nicht, daß das irgendetwas zu tun hat mit der Fähigkeit, die wahre Musik zu hören oder zu singen. Wenn das Herz mit Gesang gefüllt ist, kann das Kind in der Tat als musikalisch begabt gelten.

Fast jeder denkt, daß ,,Natur" eine gute Sache ist, aber wenige können den Unterschied zwischen natürlich und unnatürlich begreifen.

Wenn eine einzige Knospe mit der Schere aus einem Baum herausgeschnitten wird, kann das die Ordnung stören und vielleicht nicht wieder ungeschehen gemacht werden. Gemäß der natürlichen Formen wachsend, entspringen die Zweige abwechselnd vom Stamm und die Blätter erhalten gleichmäßiges Sonnenlicht. Wird diese Abfolge unterbrochen, behindern sich die Äste gegenseitig, liegen übereinander und verwirren sich und die Blätter verdorren dort, wo die Sonne nicht eindringen kann. Insektenbefall tritt auf. Wenn der Baum im folgenden Jahr nicht beschnitten wird, erscheinen nur verwelkte Zweige.

Oft tun Menschen mit ihrem Eingreifen etwas Falsches, beheben den Schaden nicht und wenn dann unerwünschte Ergebnisse sich häufen, arbeiten sie mit aller Kraft, um diese zu korrigieren. Sind diese Korrekturaktionen ,,erfolgreich", meinen sie, diese Maßnahmen seien glänzende Errungenschaften. Leute tun das immer wieder. Es ist so, als ob ein Narr auf die Ziegel seines Daches stampft und sie zerbricht. Wenn es dann zu regnen beginnt und die Decke verrottet, klettert er hastig hinauf, um den Schaden auszubessern und freut sich am Ende über die geschickte Reparatur.

Das trifft auch auf den Wissenschaftler zu. Er grübelt Tag und Nacht über Büchern, überanstrengt seine Augen und wird kurzsichtig. Und wenn man sich wundert, über was in aller Welt er die ganze Zeit gearbeitet hat — an der Erfindung von Brillengläsern zur Korrektur von Kurzsichtigkeit.

Rückkehr zum Ursprung

Gegen den langen Griff meiner Sense gelehnt, halte ich in meiner Arbeit im Obstgarten inne und schaue hinüber zu den Bergen und ins Dorf hinunter. Ich wüßte gerne, wie es kommt, daß die Philosophien der Menschen schneller wechseln als die Jahreszeiten.

Der Weg, dem ich gefolgt bin, die natürliche Art des Anbaus, die den meisten Leuten fremd erscheint, wurde zuerst als eine Reaktion gegen den Fortschritt und die rücksichtslose Nutzbarmachung der Wissenschaft interpretiert. Aber alles, was ich getan habe, hier auf dem Lande mit meiner Arbeit, ist der Versuch, zu zeigen, daß die Menschheit nichts weiß. Weil die Welt sich mit solch furchtbarer Kraft in die entgegengesetzte Richtung bewegt, mag es scheinen, daß ich in die Vergangenheit zurückgefallen bin. Aber ich glaube fest, daß der Weg, dem ich folge, der vernünftigste ist.

Während der letzten Jahre ist die Zahl der am natürlichen Anbau interessierten Leute bedeutend angewachsen. Es scheint, daß die Grenze der wissenschaftlichen Entwicklung erreicht ist. Es kommen Befürchtungen auf und die Zeit der Neu-Bewertungen ist gekommen. Das, was als primitiv und rückständig betrachtet wurde, wird nun unerwartet als der modernen Wissenschaft weit voraus angesehen. Das mag zuerst fremd erscheinen, ich finde es aber überhaupt nicht seltsam.

Ich sprach vor kurzem mit Professor Iinuma von der Kyoto Universität darüber. Vor tausend Jahren wurde in Japan Landwirtschaft ohne Pflügen praktiziert und die Einführung der Oberflächen-Bodenbearbeitung begann erst mit der Tokugawa-Ära vor 300-400 Jahren. Tiefes Pflügen gelangte mit westlicher Landwirtschaft nach Japan. Ich sagte, daß die nächste Generation im Umgang mit den Zukunftsproblemen zur Nichtbearbeitungs-Methode zurückkehren würde.

Auf einem ungepflügten Feld anzubauen ist zuerst anscheinend ein Rückschritt zu primitiver Landwirtschaft, aber über die Jahre hat diese Methode sich in Universitäts-Laboratorien und landwirtschaftlichen Testzentren überall im Lande als die einfachste, wirksamste und modernste Methode überhaupt erwiesen. Obwohl diese Anbauweise der modernen Wissenschaft den

Rücken kehrt, steht sie nun in vorderster Front der modernen landwirtschaftlichen Entwicklung.

Ich stellte die „Direkteinsaat-/Nicht-Bearbeitungs-/Wintergetreide-/Reis-Abfolge" vor 20 Jahren in Fachzeitschriften vor. Von da an wurde sie oft beschrieben und der Öffentlichkeit viele Male über Radio- und Fernsehprogramme vorgestellt, aber niemand schenkte ihr viel Aufmerksamkeit.

Jetzt verhält es sich plötzlich ganz anders. Man könnte sagen, natürlicher Anbau ist zur Mode geworden. Journalisten, Professoren und Forscher strömen zusammen, um meine Felder und die Hütten am Berg zu besuchen.

Dabei sehen die verschiedenen Leute unterschiedliche Dinge, abhängig von ihren Standpunkten. Sie interpretieren und gehen dann wieder. Einer sieht es als primitiv, ein weiterer als rückständig, jemand anderes bezeichnet es als Triumph moderner Agrarwissenschaft und ein vierter begrüßt es als Durchbruch in die Zukunft. Im allgemeinen sind die Leute nur daran interessiert, ob diese Anbauweise ein Fortschritt in die Zukunft oder das Aufleben vergangener Zeiten darstellt. Nur wenige sind fähig, richtig zu erfassen, daß natürlicher Anbau aus dem unbeweglichen und unveränderlichen Zentrum landwirtschaftlicher Entwicklung hervorgeht.

Im gleichen Maße, wie Menschen sich von der Natur lösen, entfernen sie sich immer weiter von ihrem eigenen Mittelpunkt. Doch eine Gegenkraft tritt auf und das Verlangen kommt, zur Natur zurückzukehren. Aber wenn die Leute nur reagieren, je nach den Umständen nach links oder nach rechts gehen, ist das Ergebnis nur noch mehr Aktivität. Der unbewegliche Ursprungspunkt, der außerhalb des Reiches der Relativität liegt, wird unbeachtet übergangen. Ich glaube, daß sogar die „Rückkehr zur Natur"- und Anti-Umweltverschmutzungs-Aktivitäten — egal wie lobenswert sie sind — sich nicht auf eine echte Lösung zubewegen, wenn sie einzig eine Reaktion auf die Überentwicklung des gegenwärtigen Zeitalters sind.

Die Natur verändert sich nicht, wenn es auch unvermeidlich ist, daß sich die Ansichten über die Natur von Zeitalter zu Zeitalter verändern. Doch unabhängig vom Zeitalter — natürlicher Ackerbau ist für immer der Ursprung der Landwirtschaft.

Ein Grund, warum natürlicher Anbau kaum verbreitet ist

Während der letzten 20 oder 30 Jahre ist diese Methode des Reis- und Wintergetreideanbaus in vielen Klimazonen und unter verschiedenen natürlichen Bedingungen getestet worden. In fast jeder Präfektur in Japan liefen Untersuchungen, die die Erträge der ,,Direktsaat-Nichtbearbeitung" mit jenen des normalen Reis-Anbaus und der üblichen Hügel-und-Graben-Kultivierung von Roggen und Gerste verglichen. Diese Versuche haben nichts ergeben, was die universelle Anwendbarkeit des natürlichen Anbaus widerlegt.

Und so kann man fragen, warum diese Wahrheit sich nicht verbreitet hat. Ich denke, einer der Gründe ist, daß die Welt sich derart spezialisiert hat, daß es für die Menschen unmöglich geworden ist, irgendetwas in seiner Gesamtheit zu erfassen. Zum Beispiel untersuchte ein Experte für Insektenschäden der Untersuchungsstation der Präfektur Kochi, warum in meinen Feldern so wenig Reis-Blattflöhe waren, obwohl ich keine Insektizide verwende. Bei der Untersuchung des Feldes, des Gleichgewichtes zwischen Insekten und ihren natürlichen Feinden, der Verbreitungsrate von Spinnen und so fort, wurde festgestellt, daß die Blattflöhe in meinen Feldern genauso selten waren wie in den Feldern der Station, die häufig mit einer Vielzahl von tödlichen Chemikalien besprüht worden waren.

Der Professor war auch überrascht festzustellen, daß die natürlichen Feinde in meinen Feldern viel zahlreicher waren als in den besprühten Feldern, während die Zahl der schädlichen Insekten gering war. Dann dämmerte ihm, daß die Felder durch ein natürliches Gleichgewicht, das sich unter den verschiedenen Insektengemeinschaften gebildet hatte, in diesem Zustand gehalten wurden. Er bestätigte, daß, falls meine Methode allgemein übernommen würde, das Problem der Ernteschäden durch Blattflöhe gelöst werden könne. Dann stieg er ins Auto und kehrte nach Kochi zurück.

Aber wenn man nun fragt, ob daraufhin auch die Spezialisten für Bodenfruchtbarkeit oder Feldfrüchte der Station hierher gekommen sind oder nicht, so ist die Antwort nein — sie kamen nicht. Und wenn man auf einer Konferenz oder Zusammenkunft vorschlagen würde, daß diese Methode — oder vielmehr Nicht-Methode — in großem Umfang versucht werden sollte, dann vermute ich, daß die Präfektur oder Forschungsstation antwortet: ,,Leider ist es dafür noch zu früh. Wir müssen zuerst die Forschungen aus jedem möglichen Blickwinkel forttreiben, bevor wir das endgültig billigen können.“ Es würde Jahre dauern, bis es zu einer Entscheidung kommt.

Solche Dinge passieren ständig. Spezialisten und Techniker aus ganz Japan sind zu diesem Hof gekommen. Jeder dieser Forscher hat die Felder vom Standpunkt seiner eigenen Spezialisierung als zumindest befriedigend, wenn nicht als bemerkenswert bezeichnet. Aber in den 5 oder 6 Jahren, seit der Professor von der Forschungsstation hier war, gab es wenig Veränderungen in der Präfektur Kochi.

Dieses Jahr hat die landwirtschaftliche Abteilung der Kinki-Universität ein Team für ein Projekt zur natürlichen Landwirtschaft aufgestellt, bei dem Studenten verschiedener Abteilungen hierher kamen, um Forschungen durchzuführen. Diese Annäherung mag ein weiterer Schritt sein, aber ich habe das Gefühl, daß es bald zwei Schritte in die Gegenrichtung geben könnte.

Selbsternannte Experten bemerken oft: ,,Die Grundidee dieser Methode ist in Ordnung, wäre es aber nicht bequemer, mit der Maschine zu ernten?“ oder: ,,Wäre der Ertrag nicht größer, wenn Sie in bestimmten Fällen oder zu bestimmten Zeiten Dünger oder Pestizide benutzen würden?“ Es gibt immer jene, die natürlichen und wissenschaftlichen Anbau zu vermischen versuchen. Aber diese Denkweise verfehlt völlig den Kern. Der Bauer, der sich auf Kompromisse einläßt, kann die Wissenschaft nicht mehr grundsätzlich kritisieren.

Natürlicher Anbau ist sanft und leicht und zeigt eine Rückkehr zur Quelle des Ackerbaus an. Ein einziger Schritt weg von der Quelle führt uns nur in die Irre.

Die Menschheit kennt die Natur nicht

Vor kurzem dachte ich, daß bald der Punkt erreicht sei, wo Wissenschaftler, Politiker, Künstler, Philosophen, Männer der Religion und alle, die auf den Feldern arbeiten, hier zusammenkommen, über die Felder hinausschauen und die Dinge zusammen besprechen sollten. Ich denke, das ist die Art und Weise, wie es geschehen müßte, damit Menschen über ihre Spezialisierungen hinaus schauen können.

Wissenschaftler denken, daß sie die Natur verstehen. Das ist der Standpunkt, den sie einnehmen. Weil sie überzeugt sind, daß sie die Natur verstehen können, haben sie sich der Erforschung der Natur gewidmet und gebrauchen diese. Ich denke aber, ein Verständnis der Natur liegt außerhalb der Reichweite menschlicher Intelligenz.

Ich sage oft den jungen Leuten in den Hütten auf dem Berg, die hierher kommen, um auszuhelfen und natürlichen Anbau zu lernen, daß jeder die Bäume oben am Berg sehen könne. Sie können das Grün der Blätter sehen, sie können die Reispflanzen sehen. Sie denken, sie wissen, was Grün ist. Im Kontakt mit der Natur, Tag und Nacht, denken sie manchmal, daß sie die Natur verstehen. Aber wenn sie denken, daß sie die Natur zu verstehen beginnen, können sie sicher sein, daß sie auf dem falschen Weg sind.

Warum ist es unmöglich, die Natur zu kennen? Das, was man sich unter Natur vorstellt, ist nur die *Idee* von Natur, die im Verstand jeder Person aufsteigt. Nur Kinder sehen die wahre Natur. Sie sehen, ohne zu denken, echt und klar. Schon wenn man die Namen von Pflanzen kennt, einen Mandarin-Orangenbaum der Zitrusfamilie, eine Kiefer der Kiefernfamilie, wird die Natur nicht in ihrer wahren Form gesehen.

Ein Ding, isoliert vom Ganzen gesehen, ist nicht Wirklichkeit.

Spezialisten aus verschiedenen Bereichen kommen zusammen und betrachten einen Reishalm. Die Insektenkrankheits-Spezialisten sehen nur Insektenbefall, der Spezialist für Pflanzenernährung berücksichtigt nur die Kraft der Pflanze. Das ist unvermeidlich, so wie die Dinge heute sind.

Zum Beispiel erzählte ich dem Herrn von der Forschungsstation, als er die

Beziehungen zwischen Reis-Blattflöhen und Spinnen in meinem Feld untersuchte: ,,Professor, da Sie über Spinnen forschen, sind Sie nur an einem der vielen natürlichen Feinde der Blattflöhe interessiert. Dieses Jahr traten Spinnen in großer Zahl auf, aber voriges Jahr waren es Kröten. Davor waren es Frösche, die vorherrschten. Es gibt unzählige Varianten.“

Es ist unmöglich für spezialisierte Forschung, die Rolle eines einzelnen Räubers zu einer bestimmten Zeit innerhalb der Verflechtung von Insekten-Wechselbeziehungen zu begreifen. Es gibt Jahre, wo die Blattfloh-Bevölkerung niedrig ist, weil es viele Spinnen gibt. Es gibt Zeiten, wo viel Regen fällt und Frösche die Spinnen zum Verschwinden bringen, andere, wo nur wenig Regen fällt und weder Blattflöhe noch Frösche überhaupt auftreten.

Methoden der Insektenkontrolle, die die Beziehungen unter den Insekten selbst ignorieren, sind nutzlos. Forschung über Spinnen und Blattflöhe muß ebenfalls die Beziehung zwischen Fröschen und Spinnen bedenken. Wenn die Dinge diesen Punkt erreicht haben, ist auch ein Frosch-Professor nötig. Experten für Spinnen und Blattflöhe, einer für Reis und ein weiterer Experte für Bewässerungsfragen müssen alle an dem Treffen teilnehmen.

Übrigens gibt es vier oder fünf verschiedene Spinnenarten in diesen Feldern. Ich erinnere mich, als vor einigen Jahren früh am Morgen jemand zum Haus herüber rannte, um mich zu fragen, ob ich meine Felder mit einem Seidennetz oder ähnlichem bedeckt habe. Ich konnte mir nicht vorstellen, wovon er redete und so eilte ich hinaus, um es mir anzusehen.

Wir hatten gerade die Reisernte beendet und über Nacht waren die Reisstoppeln und niedrigen Gräser mit Spinnennetzen bedeckt worden. Wie Seide, wehend und glitzernd im Morgendunst, es war ein großartiger Anblick.

Das Wunder an diesem Ereignis ist — es tritt überhaupt nur sehr selten auf —, daß es nur einen oder zwei Tage dauert. Wenn man es nah betrachtet, sieht man einige Spinnen auf jedem Quadratzentimeter. Sie sind so dicht auf dem Feld verbreitet, daß es kaum Platz dazwischen gibt. Auf einem halben Hektar muß es wie viele Tausend, wie viele Millionen geben! Wenn man zwei oder drei Tage später das Feld anschauen geht, sieht man, daß Spinnweben von mehreren Metern Länge abgerissen sind und im Wind herumwehen, an jedem einzelnen hängen fünf oder sechs Spinnen, die ähnlich wie Löwenzahn- oder Tannenzapfensamen vom Wind fortgeblasen werden. Die jungen Spinnen hängen an den Fäden und segeln in den Himmel.

Das ist ein wunderbares natürliches Drama. Sieht man das, versteht man, daß auch Dichter und Künstler bei dem Treffen zusammen kommen müßten.

Wenn Chemikalien auf ein Feld gebracht werden, ist das alles sofort vernichtet. Ich dachte einmal, daß es nicht falsch sein könne, Asche von der Feuerstelle auf die Felder zu verteilen. (Fukuoka kompostiert seine Holzasche und andere organische Haushaltsabfälle. Den Kompost verwendet er in seinem kleinen Küchengarten.) Das Resultat war erstaunlich. Zwei oder drei Tage später gab es keine Spinnen mehr auf dem Feld. Die Asche hatte ihre Netze zerstört. Wieviele Tausend Spinnen fielen einer einzigen Handvoll dieser anscheinend harmlosen Asche zum Opfer? Ein Insektizid anzuwenden ist nicht einfach eine Sache von Eliminierung der Blattflöhe zusammen mit ihren natürlichen Freß-Feinden. Viele andere wesentliche Prozesse der Natur werden berührt.

Das Phänomen dieser großen Spinnenschwärme, die auf den Reisfeldern im Herbst auftreten und dann über Nacht verschwinden, wird immer noch nicht verstanden. Niemand weiß, wo sie herkommen, wie sie den Winter überstehen oder wohin sie gehen, wenn sie verschwinden.

Und so ist der Gebrauch von Chemikalien nicht allein ein Problem für den Insektenkundler. Philosophen, Theologen, Künstler und Dichter müssen ebenfalls mithelfen bei der Entscheidung, ob es zulässig ist oder nicht, Chemikalien in der Landwirtschaft anzuwenden und was die Resultate sein mögen, auch wenn man nur organischen Dünger verwendet.

Wir ernten etwa 1200 kg Reis und die gleiche Menge Wintergetreide auf jedem Morgen dieses Landes. Wenn die Ernte 1500 kg erreicht, wie es manchmal geschieht, mag man nicht in der Lage sein, einen höheren Hektarertrag zu finden, auch wenn man das ganze Land absuchen würde. Da die fortgeschrittene Technologie nichts mit dem Anbau dieses Getreides zu tun hat, ist das ein Widerspruch zu den Vorstellungen moderner Wissenschaft. Jeder, der kommt und diese Felder sieht und ihr Zeugnis akzeptiert, wird tiefe Besorgnis bei der Frage empfinden, ob die Menschen die Natur kennen oder nicht und ob die Natur in den Grenzen des menschlichen Verstehens erklärt werden kann oder nicht.

Die Ironie ist, daß Wissenschaft lediglich dazu gedient hat, zu zeigen, wie wenig der Mensch weiß.

II

Vier Prinzipien des natürlichen Anbaus

Wir gehen aufmerksam durch diese Felder. Libellen und Motten fliegen gestört auf, Bienen summen von Blüte zu Blüte. Wir teilen die Blätter und sehen Insekten, Spinnen, Frösche, Eidechsen und viele andere kleine Tiere, die sich im kühlen Schatten tummeln. Maulwürfe und Regenwürmer graben unter der Erdoberfläche.

Das ist ein im Gleichgewicht befindliches Reisfeld-Ökosystem. Insekten- und Pflanzengemeinschaften stehen hier in einer stabilen Beziehung. Es ist nicht ungewöhnlich, wenn diese Gegend von einer Pflanzenkrankheit betroffen ist, daß sie die Ernte in diesen Feldern unberührt läßt.

Und nun schauen wir für einen Moment hinüber zum Nachbarfeld. Die Unkräuter sind alle von Herbiziden und Bearbeitung ausgelöscht. Die Bodentierchen und Insekten sind durch das Gift ebenfalls getötet. Die organischen Bestandteile der Erde und die Mikroorganismen wurden durch chemischen Dünger verbrannt. Im Sommer sehen wir auf diesen Feldern Bauern bei der Arbeit. Sie tragen Gasmasken und lange Gummihandschuhe. Die Reisfelder, die fortwährend 1500 Jahre lang benutzt wurden, sind nun durch die ausbeutenden Anbaupraktiken einer einzigen Generation verwüstet.

Vier Prinzipien

Das erste ist *Keine Bearbeitung*, das bedeutet, kein Pflügen oder Umwenden der Erde. Jahrhundertelang haben die Bauern angenommen, daß der Pflug zum Anbau von Feldfrüchten wesentlich sei. Für natürlichen Anbau ist jedoch Nicht-Bearbeitung fundamental. Die Erde kultiviert sich selbst auf natürliche Weise mit Hilfe der Durchdringung von Pflanzenwurzeln und der Aktivität von Mikroorganismen, kleinen Tieren und Regenwürmern.

Die zweite ist *kein chemischer Dünger oder fertiger Kompost* (Als Dünger baut Fukuoka eine Leguminosen-Bodendeckung aus weißem Klee an, bringt das gedroschene Stroh auf's Feld zurück und fügt ein wenig Geflügelmist hinzu.). Die Menschen greifen in die Natur ein und wie sehr sie sich auch mühen, sie können die resultierenden Wunden nicht heilen. Ihre sorglosen Anbaupraktiken entziehen der Erde wichtige Nährstoffe und das Ergebnis ist die immer stärkere Erschöpfung des Landes. Wird die Erde sich selbst überlassen, hält sie ihre Fruchtbarkeit auf natürliche Weise aufrecht, im Einklang mit den Ordnungszyklen von pflanzlichem und tierischem Leben.

Die dritte ist *keine Unkrautbeseitigung durch Bearbeiten oder Herbizide.* Unkräuter spielen ihre Rolle beim Aufbau der Bodenfruchtbarkeit und beim Ausballancieren der biologischen Gemeinschaft. Als grundlegendes Prinzip sollte Unkraut kontrolliert, nicht beseitigt werden. Strohmulch, eine Bodenbedeckung aus weißem Klee zwischen die Frucht gesät und zeitweiliges Überfluten sind eine wirksame Unkrautkontrolle in meinen Feldern.

Das vierte ist *Keine Abhängigkeit von Chemikalien.* (Fukuoka baut sein Getreide ohne Chemikalien an. Bei manchen Obstbäumen benutzt er gelegentlich eine Maschinenöl-Emulsion zur Kontrolle des Insektenbestandes. Er verwendet keine resistenten oder Breitspektrum-Gifte und führt kein Pestizid-„Programm" durch.) Nachdem sich schwache Pflanzen als Ergebnis unnatürlicher Praktiken wie Pflügen und Düngen entwickelten, wurden Krankheiten und Insekten-Ungleichgewicht große Probleme für den Bauern. Die Natur, sich selbst überlassen, ist in perfektem Gleichgewicht. Schädliche Insekten und Pflanzenkrankheiten sind immer gegenwärtig, treten aber in der Natur nicht in dem Maße auf, daß der Gebrauch von giftigen Chemikalien erforderlich wäre. Der sensible Weg zu Krankheits- und Insektenkontrolle ist, kräftige Pflanzen in gesunder Umwelt aufzuziehen.

Kultivierung

Wenn der Boden bearbeitet wird, verändern sich die natürlichen Gegebenheiten bis zur Unkenntlichkeit. Die Folgen solcher Handlungen haben den Bauern zahlloser Generationen Alpträume verursacht. Zum Beispiel: Wenn ein Stück Natur unter den Pflug genommen wird, treten manchmal sehr kräftige Unkräuter wie Salzkraut und Ampfer auf und beherrschen die Vegetation. Setzt sich dieses Unkraut fest, sieht sich der Bauer der fast unmöglichen Aufgabe gegenüber, ständig zu jäten. Oft wird das Land aufgegeben.

Im Umgang mit Problemen wie diesem ist die einzig vernünftige Lösung, die naturwidrigen Praktiken zu beenden, welche die Situation erst herbeigeführt haben. Der Bauer muß den Schaden auch beseitigen, den er verursacht hat. Die überflüssige Bodenbearbeitung sollte aufgegeben werden. Praktiziert man sanfte Techniken wie Strohmulch oder Kleesaat, anstatt mit menschengemachten Chemikalien und Maschinen einen Vernichtungskrieg gegen die Natur zu führen, dann wird die Umwelt zu ihrem früheren natürli-

chen Gleichgewicht zurückkehren und sogar schwieriges Unkraut kann unter Kontrolle gebracht werden.

Dünger

Im Gespräch mit Bodenexperten ist eine meiner Standardfragen: „Wenn ein Feld sich selbst überlassen bleibt, steigert oder erschöpft sich die Bodenfruchtbarkeit?" Gewöhnlich gibt es dann eine Pause und sie sagen etwa: „Nun, laß mich überlegen... Sie erschöpft sich. Nein, nicht wenn man bedenkt, daß bei langjährigem Reisanbau auf dem gleichen Feld ohne Dünger die Ernte sich auf etwa 250 kg pro Morgen einpendelt. Die Erde würde weder angereichert noch erschöpft werden."

Diese Spezialisten reden von einem kultivierten, überfluteten Feld. Wenn die Natur sich selbst überlassen wird, steigt die Fruchtbarkeit. Organische Rückstände von Pflanzen und Tieren sammeln sich und werden auf der Bodenoberfläche von Bakterien und Pilzen zersetzt. Durch das Regenwasser werden die Nährstoffe tief in die Erde getragen, und sind dort Nahrung für Mikroorganismen, Regenwürmer und andere kleine Tiere. Pflanzenwurzeln reichen in die tiefere Erdschicht hinunter und holen die Nährstoffe zurück zur Oberfläche.

Wenn man eine Vorstellung der natürlichen Fruchtbarkeit der Erde erhalten will, sollte man manchmal zu den wilden Berghängen wandern, sich die riesigen Bäume anschauen, die ohne Dünger und ohne Pflege wachsen. Die Fruchtbarkeit der Natur, so wie sie ist, liegt außerhalb unserer Vorstellung.

Vernichtet man die natürliche Waldbodendeckung und pflanzt einige Generationen lang Kiefern oder Zedern, so wird die Erde ausgelaugt und der Erosion preisgegeben. Auf der anderen Seite kann man versuchen, einen kahlen Hang, nackte rote Tonerde, mit Kiefern und Zedern zu bepflanzen, zusammen mit einer Bodenbedeckung aus Klee und Alfalfa. Während die Gründüngung (Bodenbedecker-Pflanzen wie Klee, Wicke und Alfalfa, die den Boden verbessern und nähren) die Erde anreichern und lockern wachsen Unkraut und Büsche unter den Bäumen und ein reicher Regenerations-Zyklus hat begonnen. Es gibt Fälle, bei denen die oberen 10 cm Boden in weniger als 10 Jahren aufgebaut wurden.

Auch zum Anbau landwirtschaftlicher Produkte kann die Verwendung fertigen Düngers aufgegeben werden. Zum größten Teil ist eine ständige Gründecke und Rückführung allen Strohs und Spreu in die Erde ausreichend. Um mit tierischem Mist das Stroh besser zu kompostieren, ließ ich gewöhnlich Enten frei auf die Felder. Fängt man mit Entchen an, während die Sämlinge noch klein sind, wachsen die Enten zusammen mit dem Reis auf. Zwanzig Enten liefern den nötigen Mist für einen Morgen und helfen dabei auch, das Unkraut zu kontrollieren.

Ich machte dies viele Jahre lang, bis der Bau einer Autobahn es den Enten unmöglich machte, über die Straße und zurück zum Stall zu kommen. Jetzt verwende ich ein wenig Hühnermist, um das Stroh zu kompostieren. In anderen Gegenden sind Enten oder andere kleine grasende Tiere immer noch die praktischste Möglichkeit.

Die Zuführung von zuviel Dünger kann zu Problemen führen. In einem Jahr, direkt nach der Reis-Pflanzung, pachtete ich 1000 qm frisch bepflanzter Reisfelder für die Dauer eines Jahres. Ich ließ alles Wasser von den Feldern ablaufen und arbeitete ohne chemischen Dünger, nur mit einer kleinen Menge Hühnermist. Vier der Felder entwickelten sich normal. Aber auf dem fünften wurden die Reispflanzen zu dick und von Mehltau befallen — egal was ich auch tat. Als ich den Besitzer danach fragte, sagte er, daß er das Feld den Winter über als Ablageplatz für Hühnermist benutzt hatte.

Mit Hilfe von Stroh, Gründüngung und ein wenig Geflügelmist kann man hohe Erträge erzielen, ohne Kompost oder kommerzielle Dünger zu verwenden. Seit mehreren Jahrzehnten nun habe ich mich zurückgelehnt und die Methoden der Natur zur Kultivierung und Düngung betrachtet. Und während ich zuschaute, habe ich Rekordernten an Gemüse, Zitrusfrüchten, Reis und Wintergetreide sozusagen als Geschenk der natürlichen Fruchtbarkeit der Erde geerntet.

Umgang mit Unkraut

Hier zur Erinnerung einige wichtige Punkte beim Umgang mit Unkraut:

Sobald die Bodenbearbeitung beendet wird, sinkt die Anzahl von Unkräutern deutlich. Auch die Unkrautarten in einem bestimmten Feld ändern sich.

Wenn man Samen aussäht, während die vorangehende Ernte noch auf dem Feld reift, werden diese Samen vor den Unkräutern keimen. Winterunkraut sprießt erst, nachdem der Reis abgeerntet ist, aber zu diesem Zeitpunkt hat das Wintergetreide schon einen Vorsprung. Sommerunkraut sprießt direkt nach der Gerste- und Roggenernte, aber der Reis wächst schon kräftig. Plant man die Aussaaten in solch einer Weise, daß es keine Leerzeit zwischen aufeinanderfolgenden Ernten gibt, so hat das Getreide einen großen Vorteil gegenüber dem Unkraut.

Wenn direkt nach der Ernte das ganze Feld mit Stroh bedeckt wird, wird das Keimen von Unkraut unterdrückt. Weißer Klee zusammen mit Getreide als Untersaat ausgebracht, hilft auch, das Unkraut unter Kontrolle zu halten.

Der übliche Weg, mit Unkraut fertigzuwerden, ist, die Erde zu bearbeiten. Aber wenn man umbricht, werden tief in der Erde liegende Samen, die sonst niemals gekeimt hätten, nach oben befördert und erhalten eine Chance zum Keimen. Überdies erhalten die schnell sprießenden, schnellwachsenden Arten unter diesen Umständen einen Vorteil. Daher könnte man sagen, daß der Bauer, der durch Bodenbearbeitung das Unkraut zu kontrollieren versucht, buchstäblich die Samen seines eigenen Unglücks sät.

„Schädlings"-Kontrolle

Man kann sagen, es gibt immer noch einige Leute, die meinen, wenn keine Chemikalien benutzt werden, verdorren Obstbäume und Feldfrüchte vor ihren Augen. Tatsache ist aber, daß durch den *Gebrauch* dieser Chemikalien die Leute unwissentlich die Bedingungen herbeigeführt haben, unter denen diese grundlose Furcht zur Realität werden könnte.

Kürzlich hatten japanische Kiefern schwere Schäden durch einen Ausbruch einer Kiefer-Borkenkäfer-Plage erlitten. Förster versuchten nun, den Schaden durch Besprühung mit Hubschraubern aus der Luft einzudämmen. Ich leugne nicht, daß das kurzfristig wirksam ist, ich weiß aber, es muß einen anderen Weg geben.

Käferbefall ist, gemäß den neuesten Forschungen, nicht eine ursprüngliche Krankheit, sondern folgt dem Auftreten von bestimmten Nematoden (Bodenälchen). Die Nematoden leben und pflanzen sich im Stamm fort, blockieren den Nährstoff und Wassertransport und verursachen letztlich Verdorren und Aussterben der Kiefer. Die eigentliche Ursache ist natürlich noch nicht klar verstanden worden.

Nematoden leben von einem Pilz innerhalb des Baumstammes. Warum begann dieser Pilz so stark im Stamm zu wachsen? Begann sich der Pilz zu vermehren, nachdem die Nematoden schon erschienen waren? Oder traten die Nematoden auf, weil der Pilz schon gegenwärtig war? Es reduziert sich auf die Frage, was zuerst kam, der Pilz oder die Nematoden.

Dann gibt es eine weitere Mikrobe, über die sehr wenig bekannt ist, die stets den Pilz begleitet, sowie einen Virus, der für den Pilz giftig ist. In jeder Richtung folgt Effekt auf Effekt. Das Einzige, was mit Sicherheit gesagt werden kann, ist, daß die Kiefern in ungewöhnlicher Anzahl absterben.

Die Leute können nicht wissen, was die wahre Ursache des Kiefernsterbens ist, noch können sie die letztendlichen Konsequenzen ihrer ,,Heilmittel" kennen. Wird unwissend in die Situation eingegriffen, sät das nur die Samen für die nächste Katastrophe. Nein, ich kann mich nicht an dem Wissen freuen, daß unmittelbarer Schaden durch die Käfer mit Hilfe chemischer Spritzungen reduziert worden ist. Gebrauch landwirtschaftlicher Chemikalien ist der ungeeignetste Weg, um mit Problemen wie diesen umzugehen und wird nur zu größeren Problemen in der Zukunft führen.

Diese vier Prinzipien natürlicher Landwirtschaft (keine Bearbeitung, keine chemischen Dünger oder fertigen Kompost, keine Unkrautbeseitigung durch Jäten oder Herbizide und keine Abhängigkeit von Chemikalien) fügen sich in die natürliche Ordnung ein und führen zur Ergänzung des Reichtums der Natur. Alle meine Versuche folgten diesem Weg. Es ist das Herz meiner Methode, Gemüse, Korn und Zitrusfrüchte anzubauen.

Gartenbau inmitten von Unkraut

Viele verschiedene Unkrautarten wachsen zusammen mit dem Getreide und dem Klee auf diesen Feldern. Das im letzten Herbst auf dem Feld ausgebreitete Reisstroh hat sich schon in guten Humus zersetzt.

Gestern, als Professor Kawase, eine führende Autorität für Wiesengräser, und Professor Hiroe, der antike Pflanzen erforscht, die feine Verteilung von Gerste und Leguminosen auf meinen Feldern sahen, nannten sie es ein wundervolles Kunstwerk. Ein Bauer aus der Umgebung, der erwartete, meine Felder völlig von Unkraut überwuchert zu sehen, war überrascht, die Gerste so kräftig unter den vielen anderen Pflanzen wachsen zu sehen. Experten sind hierher gekommen, sahen das Unkraut, sahen die Brunnenkresse und Klee überall wachsen und gingen, erstaunt den Kopf schüttelnd, wieder fort.

Vor 20 Jahren, als ich zum Gebrauch von ständiger Bodendeckung in Obstgärten ermunterte, gab es im ganzen Land keinen Grashalm in Feldern oder Obstgärten zu sehen. Als die Leute Obstgärten wie die meinen sahen, erkannten sie, daß Obstbäume sehr gut inmitten der Unkräuter und Gräser wachsen konnten. Heute sind mit Gras bewachsene Obstgärten in ganz Japan üblich und die ohne Gras selten geworden.

Bei Getreidefeldern ist es ebenso. Reis, Gerste und Roggen können erfolgreich angebaut werden, während die Felder das ganze Jahr über mit Klee und Unkraut bedeckt sind.

Ich will im Detail die jährlichen Aussaat- und Ernteplâne auf diesen Feldern darlegen. Im frühen Oktober, vor der Ernte, werden Klee und die Samen schnellwachsender Wintergetreidearten breitwürfig unter den reifenden Reisstengeln ausgesät. (Pro 1000 qm wird etwa 1 Pfund weißer Klee gesät, Wintergetreide etwa 6,5 bis 13 Pfund. Für unerfahrene Bauern oder bei harten oder kargen Böden ist es sicherer, am Anfang etwas mehr auszusäen. Sobald die Erde sich allmählich durch das verrottende Stroh und die Gründüngung verbessert und der Bauer mit der Direktsaat-Nicht-Bearbeitungs-Methode vertrauter wird, kann die Saatmenge reduziert werden.) Klee und Gerste oder Roggen keimen und wachsen 2-5 cm, bis der Reis fertig zur Ernte ist. Während der Reisernte werden die sprießenden Samen von den Füßen der Schnit-

Es ist an einem Tag möglich, genug Pellets zur Aussaat auf mehreren Morgen herzustellen.

ter niedergetrampelt, erholen sich aber in kürzester Zeit wieder. Wenn das Dreschen beendet ist, wird das Reisstroh auf dem Feld verteilt.

Wenn Reis im Herbst gesät wird und unbedeckt bleibt, werden die Samen oft von Mäusen und Vögeln gefressen oder sie verrotten manchmal auf dem Boden. Daher umgebe ich die Reissamen vor dem Säen mit kleinen Lehmklümpchen. Die Samen werden in einer flachen Schale oder einem Korb hin und zurück in einer kreisförmigen Bewegung geschüttelt. Fein zerstäubter Lehm wird über sie gepudert und ein feiner Wassernebel wird von Zeit zu Zeit dazu gefügt. Das ergibt ein winziges Pellet von etwa einem cm Durchmesser.

Es gibt eine andere Methode, um diese Pellets herzustellen. Zuerst wird der ungeschälte Reissamen mehrere Stunden in Wasser eingeweicht. Dann werden die Samen durch Kneten mit den Händen oder Füßen mit feuchtem Lehm vermischt. Dann wird der Lehm durch ein Sieb aus Hühnerdraht gedrückt, um ihn in kleine Klumpen zu teilen. Diese Klümpchen sollten einen oder zwei Tage trocknen, bevor sie leicht zwischen den Handflächen zu Pellets gerollt werden können. Idealerweise gibt es in jedem Pellet einen Samen. Es ist möglich, an einem Tag genug Pellets herzustellen, um mehrere Morgen einzusäen.

Je nach den Umständen schließe ich manchmal die Samen anderer Getreide oder Gemüse vor dem Säen in Pellets ein.

Zwischen Mitte November und Mitte Dezember ist eine gute Zeit, um die Pellets mit den Reissamen unter den jungen Gerste- oder Roggenpflanzen

Im Oktober wird Stroh über die Felder gestreut, nachdem der Reis geerntet und die Saat des nächsten Jahres gesät wurde.

breitwürfig auszusäen. Sie können aber auch im Frühling ausgesät werden. (Es werden pro 1000 qm 4,5 bis 9 Pfund Reis gesät. Gegen Ende April prüft Fukuoka das Keimen des im Herbst gesäten Reis und streut mehr Pellets aus, wenn nötig.) Über die Felder wird eine dünne Schicht Hühnermist verteilt, um bei der Zersetzung des Strohs zu helfen, und das Pflanzen des Jahres ist beendet.

Im Mai wird das Wintergetreide geerntet. Nach dem Dreschen wird alles Stroh auf dem Feld ausgebreitet.

Dann wird Wasser eine Woche bis 10 Tage auf dem Feld stehen gelassen. Das schwächt die Unkräuter und den Klee und erlaubt dem Reis, durch das

Im Dezember sprießt das Wintergetreide durch das Stroh. Die Reissamen ruhen bis zum Frühling im Boden.

Stroh zu sprießen. Im Juni und Juli ist das Regenwasser für die Pflanzen ausreichend. Im August wird frisches Wasser in die Felder geleitet, etwa eine Woche, ohne daß es stehen darf. Die Herbsternte ist nun nahe.

So ist der jährliche Zyklus vom Reis-/Wintergetreideanbau nach der natürlichen Methode. Aussaat und Ernte erfolgt so dicht am natürlichen Beispiel, daß dies eher als natürlicher Prozeß denn als eine landwirtschaftliche Technik bezeichnet werden sollte.

Es dauert für den Bauern nur ein oder zwei Stunden, die Samen auszusäen und das Stroh auf 1000 qm auszubreiten. Mit Ausnahme der Erntearbeiten kann Wintergetreide von ihm allein angebaut werden und nur zwei oder drei Leute sind nötig, all die Arbeiten zu verrichten, um ein Reisfeld nur mit den traditionellen japanischen Werkzeugen zu bestellen. Es gibt wahrscheinlich keine leichtere, einfachere Methode für den Getreideanbau. Es erfordert wenig mehr als breitwürfig auszusäen und Stroh auszubreiten, aber ich brauchte 30 Jahre, um diese Schlichtheit zu erreichen.

Diese Anbauweise hat sich gemäß der natürlichen Bedingungen der japanischen Inseln entwickelt. Ich meine aber, natürlicher Anbau kann ebenso in anderen Gegenden und beim Anbau anderer einheimischer Früchte angewen-

Das Wintergetreide wird im Mai geerntet. Die Reissämlinge werden von den Füßen der Schnitter niedergetreten, erholen sich aber wieder schnell.

det werden. In Gebieten zum Beispiel, wo Wasser nicht so gut verfügbar ist, könnte Hochlandreis oder anderes Getreide wie Buchweizen oder Hirse gezogen werden. Anstelle des weißen Klees könnten sich andere Arten von Klee, Alfalfa, Wicke oder Lupine als passende Feldbedeckung eignen. Natürlicher Anbau ist stets etwas Besonderes, im Einklang mit den einzigartigen Bedingungen des Gebiets, wo er angewandt wird.

Beim Übergang zu dieser Anbauweise mag es zuerst nötig sein, etwas Unkraut zu beseitigen, zu kompostieren oder zu beschneiden, aber diese Maßnahmen sollten jedes Jahr allmählich verringert werden. Letztendlich ist es nicht die wachsende Technik, die der wichtigste Faktor ist, sondern das Bewußtsein des Bauern.

Anbau mit Stroh

Mulchen mit Stroh könnte als ziemlich unbedeutend betrachtet werden, es ist aber für meine Methode des Reis- und Wintergetreideanbaus von nicht zu überschätzender Bedeutung. Es hat mit allem zu tun: mit Fruchtbarkeit, mit dem Keimen, mit Unkraut, mit der Fernhaltung von Sperlingen, mit Bewässerung. In Praxis und Theorie ist der Gebrauch von Stroh beim Anbau eine entscheidende Sache. Das ist etwas, was ich den Leuten anscheinend nicht verständlich machen kann.

Stroh ungeschnitten ausbreiten

Die Okayama-Versuchs-Station versucht gerade Direktsaat-Reisanbau in 80 % der Versuchsfelder. Als ich vorschlug, sie sollten das Stroh ungeschnitten verteilen, dachten sie offenbar, das könne nicht richtig sein und machten die Versuche, nachdem sie das Stroh mit einem mechanischen Häcksler klein geschnitten hatten. Als ich vor ein paar Jahren hinfuhr, stellte ich fest, daß die Felder aufgeteilt worden waren: solche mit gehäckseltem Stroh, mit ungeschnittenem Stroh und ohne Stroh. Das ist genau das, was ich lange getan hatte und da das ungeschnittene Stroh am besten wirkt, nehme ich es natürlich.

Herr Fuji, Lehrer an der Landwirtschaftlichen Hochschule von Yasuki in der Präfektur Shimane, wollte Direktsaat versuchen und besuchte meinen Hof. Ich schlug vor, daß er über sein Feld ungeschnittenes Stroh verteilen sollte. Er kehrte im folgenden Jahr zurück und berichtete, daß der Versuch fehlgeschlagen war. Nachdem ich seinem Bericht sorgfältig zugehört hatte, stellte ich fest, daß er das Stroh gerade und ordentlich wie in einem japanischen Hinterhausgarten niedergelegt hatte. Wenn man es auf diese Weise macht, können die Samen nicht gut keimen. Ebenso beim Roggen- und Gerstenstroh. Wenn es zu ordentlich ausgelegt wird, ist es für die Sprößlinge zu schwer, durchzustoßen. Es ist am besten, das Stroh einfach ungeordnet hinzuwerfen, genau wie die Halme auf natürliche Weise gefallen wären.

Reisstroh ist gut als Mulch für Wintergetreide und das Stroh von Wintergetreide ist am besten für den Reis. Ich möchte das richtig verstanden wissen. Es gibt mehrere Reiskrankheiten, die die Ernte anstecken, wenn frisches Reisstroh auf einem Reisfeld angewendet wird. Diese Krankheiten des Reis infizieren jedoch nicht das Wintergetreide und wenn das Reisstroh im Herbst verteilt wird, hat es sich völlig zersetzt, wenn der Reis im folgenden Frühling hervorsprießt. Frisches Reisstroh ist für anderes Getreide gut, genau wie Buchweizenstroh, und das Stroh anderer Getreidearten kann für Reis und Buchweizen gebraucht werden. Im allgemeinen sollte frisches Stroh von Wintergetreide, wie Weizen, Roggen und Gerste, nicht als Mulch für gleiche Getreidearten benutzt werden, da Krankheiten auftreten können.

Stroh und Hülsen, die nach dem Dreschen der Ernte zurückbleiben, sollten dem Feld zurückgegeben werden.

Stroh verbessert den Boden

Strohmulch erhält die Bodenstruktur und bereichert die Erde, so daß Kunst-Dünger unnötig wird. Das ist natürlich mit Nicht-Bearbeitung verbunden. Meine Felder sind wahrscheinlich die einzigen in Japan, die seit über 20 Jahren nicht mehr gepflügt worden sind und die Qualität des Bodens verbessert sich mit jedem Jahr. Ich schätze, daß die humusreiche Oberflächenschicht während dieser Jahre bis in eine Tiefe von mehr als 10 cm angereichert wurde. Das ist weitgehend das Ergebnis davon, der Erde alles auf dem Feld gewachsene zurückzugeben, außer dem Korn selbst.

Kompostbereitung ist unnötig

Es ist unnötig, Kompost zu bereiten. Ich sage nicht, daß man keinen Kompost braucht — nur, daß es unnötig ist, schwer dafür zu arbeiten. Wenn das Stroh im Frühling oder Herbst auf der Feldoberfläche liegengelassen und mit einer dünnen Schicht Hühner- oder Entenmist bedeckt wird, zersetzt es sich vollständig in sechs Monaten.

Um Kompost nach der üblichen Methode herzustellen, arbeitet der Bauer wie verrückt in der heißen Sonne, hackt das Stroh, fügt Wasser und Kalk zu, wendet den Haufen und karrt ihn hinaus aufs Feld. Er macht es sich selbst zu schwer, weil er meint, es sei der ,,bessere Weg''. Ich würde es lieber sehen, wenn die Leute einfach Stroh, Spreu oder Holzspäne auf den Feldern ausstreuten.

Auf Fahrten entlang der Tokaido-Line in West-Japan habe ich bemerkt, daß das Stroh nun grober gehackt wird als zu der Zeit, als ich darüber zu sprechen begann, es ungeschnitten zu verteilen. Ich muß den Bauern das zu-

Das Dreschen der Ernte mit der traditonellen fußbetriebenen rotierenden Trommel (kyoto). Dann wird das Getreide ausgelesen und gelagert. Das Stroh wird auf die Felder zurückgeführt.

gute halten. Aber die modernen Experten sagen immer noch, es wäre am besten, nur soundso viel Stroh pro 1000 qm zu benutzen. Warum empfehlen sie nicht, alles Stroh auf das Feld zurückzubringen? Wenn man aus dem Zugfenster hinausschaut, sieht man Bauern, die etwa die Hälfte des Strohs geschnitten und verteilt haben und den Rest beiseite schaffen, damit er im Regen verfault.

Würden sich alle Bauern in Japan zusammentun und beginnen, alles Stroh wieder auf ihren Feldern zu verteilen, wäre das Ergebnis eine gewaltige Kompostmenge, die der Erde zurückgegeben würde.

Keimen

Hunderte von Jahren haben die Bauern große Sorgfalt aufgewendet, um die Saatbeete zum Anbau kräftiger, gesunder Reis-Sämlinge vorzubereiten. Die kleinen Beete wurden behandelt, als ob sie der Familienaltar wären. Die Erde wurde bearbeitet, Sand und die Asche verbrannter Reishüllen wurden verstreut und ein Gebet abgehalten, damit die Sämlinge gedeihen.

Es ist folglich nicht erstaunlich, daß die anderen Dörfler hier dachten, ich wäre nicht bei Verstand, Samen auszustreuen, während das Wintergetreide noch auf dem Feld steht, mit Unkraut und zersetzendem Stroh überall verstreut.

Natürlich keimen die Samen gut, wenn sie direkt auf ein gut gewendetes Feld gestreut werden, wenn es aber regnet und das Feld sich in Schlamm verwandelt, kann man es nicht betreten und herumlaufen und die Aussaat muß verschoben werden. Die Nicht-Bearbeitungsmethode ist in diesem Punkt zuverlässig, auf der anderen Seite aber gibt es Probleme mit kleinen Tieren wie Eidechsen, Grillen, Mäusen und Schnecken, die gerne die Samen fressen. Das Lehmkügelchen, mit dem Samen darin eingeschlossen, löst dieses Problem.

Zur Aussaat des Wintergetreides ist die übliche Methode, die Samen auszusäen und sie mit Erde zu bedecken. Wenn die Samen zu tief gelegt werden, verrotten sie. Ich pflegte die Samen in winzige Löcher im Boden zu werfen, oder in Furchen, ohne sie mit Erde zu bedecken. Mit beiden Methoden erlebte ich aber viele Fehlschläge.

Kürzlich bin ich faul geworden und statt Furchen oder Löcher in den Boden zu machen, verpacke ich die Samen in Lehm-Pellets und werfe sie direkt aufs Feld. Das Keimen geht am besten an der Oberfläche, wo es Sauerstoff gibt. Ich habe festgestellt, daß dort, wo diese Pellets mit Stroh bedeckt sind, die Samen gut keimen und nicht einmal in Jahren mit schweren Regenfällen verfaulen.

Stroh hilft, mit Unkraut und Sperlingen fertig zu werden

Idealerweise liefern 1000 qm etwa 450 kg Gerstenstroh. Wenn alles Stroh wieder auf dem Feld verstreut wird, ist die Oberfläche vollständig abgedeckt. Sogar ein lästiges Unkraut wie Salzkraut — das schwierigste Problem in der Direktsaat-/Nicht-Bearbeitungs-Methode — kann unter Kontrolle gehalten werden.

Sperlinge haben mir eine Menge Kopfschmerzen bereitet. Direktsaat kann keinen Erfolg haben, wenn es keinen verläßlichen Weg gibt, um mit diesen Vögeln fertig zu werden. Und es gibt viele Orte, wo Direktsaat sich gerade wegen dieses Problems nur langsam ausgebreitet hat. Viele Leute haben ihre Probleme mit Spatzen.

Ich erinnere mich an Zeiten, als diese Vögel mir folgten und all die Samen, die ich gesät hatte, aufpickten, bevor ich Gelegenheit hatte, die andere Seite des Feldes fertig zu säen. Ich probierte Vogelscheuchen und Netze und Drähte mit klappernden Dosen aus, aber nichts schien wirklich gut zu funktionieren. Oder falls eine dieser Methoden zufällig erfolgreich war, dauerte ihre Wirkung nicht länger als ein oder zwei Jahre.

Meine eigene Erfahrung hat gezeigt, daß durch Aussaat, während die vorhergehende Ernte noch auf dem Feld steht, so daß die Samen zwischen Gräsern und Klee verborgen sind, sowie durch Verteilung eines Mulchs aus Reis-, Roggen- oder Gerstenstroh, wenn das reife Getreide geerntet ist, das Problem mit den Sperlingen am besten gelöst wird.

Ich habe im Laufe der Jahre eine Menge Fehler während des Experimentierens gemacht und Fehlschläge aller Art erlebt. Ich weiß wahrscheinlich mehr darüber, was beim Anbau landwirtschaftlicher Produkte falsch laufen kann, als irgend jemand anders in Japan. Als ich zum ersten Mal beim Reis- und Wintergetreideanbau Erfolg mit der Nicht-Bearbeitungsmethode hatte, fühlte ich mich wohl so, wie Columbus sich gefühlt haben muß, als er Amerika entdeckte.

Reisanbau auf einem trockenen Feld

Anfang August sind die Reispflanzen bei meinem Nachbarn schon hüfthoch, während sie in meinen Feldern nur etwa halb so groß sind. Leute, die hier gegen Ende Juli zu Besuch kommen, fragen immer skeptisch: „Fukuoka-san, wird dieser Reis wirklich gedeihen?" „Sicher", antworte ich. „Kein Grund zur Sorge".

Ich versuche nicht, hohe schnellwachsende Pflanzen mit großen Blättern anzubauen. Stattdessen halte ich die Pflanzen so kompakt wie möglich, halte die Ähre klein, überfüttere die Pflanze nicht und lasse sie gemäß der natürlichen Form der Reispflanzen aufwachsen.

Normalerweise produzieren Reispflanzen von 1,2-1,5 m Größe üppige Blätter und erwecken den Eindruck, daß die Pflanze eine Menge Körner produzieren wird, aber es sind nur die beblätterten Stengel, die kräftig wachsen. Die Stärkeproduktion ist hoch, aber der Wirkungsgrad ist niedrig und soviel Energie wird für vegetatives Wachstum aufgebracht, daß nicht viel im Korn gelagert wird. Wenn zum Beispiel hohe, übergroße Pflanzen 1000 kg Stroh erbringen, wird der Reisertrag etwa 500 bis 1000 kg betragen. Bei kleinen Reispflanzen wie jene in meinen Feldern erbringen 1000 kg Stroh 1000 kg Reis. Bei einer guten Ernte erreicht der Reisertrag von meinen Pflanzen etwa 1200 kg, das bedeutet, er ist 20 % schwerer als das Stroh.

In einem trockenen Feld angebaute Reispflanzen werden nicht groß. Sie erhalten gleichmäßig Sonnenlicht, das bis zum Boden und den tieferen Blättern reicht. Eine Blattgröße von 6 qcm reicht, um 1 Reiskorn zu erzeugen. 3 oder 4 kleine Blätter sind genug, um 100 Reiskörner in der Ähre zu erzeugen. Ich säe großzügig und erziele schließlich etwa 300-350 korntragende Halme (25-30 Pflanzen) pro Quadratmeter. Hat man viele Sprossen und versucht nicht, große Pflanzen zu ziehen, kann man ohne Schwierigkeiten große Ernten erzielen. Das ist auch bei Weizen, Roggen, Buchweizen, Hafer, Hirse und anderen Getreiden so.

Natürlich ist es die übliche Methode, mehrere Zentimeter Wasser während der Wachstumszeit im Reisfeld stehen zu haben. Die Farmer haben so viele Jahrhunderte Reis in Wasser angebaut, daß die meisten Leute glauben, er könne nicht anders gezogen werden. Die Kultursorten von ,,Naßfeld"-Reis sind ziemlich kräftig, wenn sie auf überflutetem Feld angebaut werden, aber es ist nicht gut für die Pflanze, so aufgezogen zu werden. Reispflanzen wachsen am besten, wenn der Wassergehalt im Boden zwischen 60 und 80 % seiner Speicherfähigkeit beträgt. Wird das Feld nicht überflutet, entwickeln die Pflanzen kräftigere Wurzeln und sind extrem widerstandsfähig gegen Krankheits- und Insektenbefall.

Der Hauptgrund für den Reisanbau in einem überfluteten Feld ist der, das Unkraut durch Schaffung einer Umwelt zu kontrollieren, in der nur eine begrenzte Auswahl von Unkraut überleben kann. Was überlebt, muß von Hand herausgezogen oder mit einem Handjät-Gerät entwurzelt werden. Bei dieser traditionellen Methode muß diese zeitraubende Knochenarbeit in jeder Wachstumsperiode mehrere Male wiederholt werden.

Im Juni wird Wasser im Feld gehalten, um Unkraut und Klee zu schwächen und dem Reis zu ermöglichen, durch die Bodenbedeckung zu sprießen.

Professor Matsushimas Theorie leitete sich von Experimenten ab, in denen zarte Reispflanzen mit Dünger im Aufzuchtbeet angebaut und später umgepflanzt wurden. Mein Reis ist dagegen im Einklang mit dem natürlichen Lebenszyklus der Reispflanze gewachsen, gerade als ob er wild gewachsen wäre. Ich warte geduldig, daß die Pflanze sich in ihrem eigenen Tempo entwickelt und reift.

In den letzten Jahren habe ich eine alte Sorte Glutin-Reis aus dem Süden ausprobiert. Jeder Samen, im Herbst ausgesät, produzierte im Duchschnitt 12 Stengel mit etwa 250 Körnern. Ich glaube, mit dieser Sorte werde ich eines Tages fähig sein, fast die theoretisch größtmögliche Ernte zu erzielen, gemäß der Sonnenenergie, die das Feld erreicht. In einigen Bereichen meiner Felder sind bereits mit dieser Sorte Ernten von 2000 kg pro Morgen erreicht worden.

Für die zweifelnden Augen eines Skeptikers ist meine Methode des Reisan-

baus ein kurzfristiges oder vorläufiges Ergebnis. ,,Würde das Experiment länger durchgeführt, würden sicherlich einige Probleme auftreten,'' wird er sagen. Ich habe aber seit 20 Jahren Reis auf diese Weise angebaut. Die Erträge steigern sich ständig weiter und die Erde wird jedes Jahr besser.

Obstbäume

Ich baue auch mehrere Zitrusarten an den Hängen nahe meines Heims an. **Nach dem Krieg, als ich mit Landwirtschaft begann, hatte ich 7000 qm Zitrusbäume und 1500 qm Reis, aber heute bedecken die Zitrusbäume allein** 49 000 qm. Ich bekam dieses Land, indem ich umliegende Berghänge übernahm, die aufgegeben waren. Dann säuberte ich sie von Hand.

Die Kiefernbäume auf einigen dieser Hänge waren einige Jahre vorher geschnitten worden und alles, was ich tat, war, Löcher auf den Höhenlinien zu graben und die Zitrussetzlinge zu pflanzen. An den abgehackten Baumstümpfen waren schon Sprossen erschienen und als die Zeit verging, gediehen auch japanisches Pampasgras, Cogongras und Brombeeren. Die Zitrussetzlinge gingen in einem Gewirr von Vegetation unter.

Ich schnitt die meisten der Kiefernsprossen, erlaubte aber einigen, als Windschutz weiterzuwachsen. Dann schnitt ich das Dickicht und die grasige Bodenbedeckung zurück und pflanzte Klee.

Nach sechs oder sieben Jahren trugen die Zitrusbäume endlich Früchte. Ich grub die Erde hinter den Bäumen weg, um Terrassen zu formen und der Obsthain erschien nun wenig verschieden von anderen.

Natürlich hielt ich die Prinzipien der Nicht-Bearbeitung, keine Insektizide oder Unkrautvernichtungsmittel zu verwenden, aufrecht. Eine interessante Sache am Anfang war: Während die Sämlinge unter den wiedersprießenden Waldbäumen wuchsen, gab es kaum Schadinsekten. Als das Dickicht und die wieder sprießenden Bäume weggeschnitten waren, schien das Land weniger wild und eher wie ein Obstgarten. Dann aber erschienen die Insekten.

Es ist das beste, einen Obstbaum von Anfang an zu erlauben, daß er seiner natürlichen Form folgt. Der Baum wird jedes Jahr Früchte tragen und Beschneiden ist nicht notwendig. Ein Zitrusbaum folgt dem gleichen Wachstumsmuster wie eine Zeder oder Kiefer, das heißt, ein einzelner Mittelstamm wächst gerade hoch, mit abwechselnd abzweigenden Ästen. Natürlich wachsen nicht alle Zitrusarten genau in die gleiche Größe und Form. Die Hassaku- und Shaddock-Sorten wachsen sehr hoch, Winter-Unshu-Mandarinenbäume sind niedrig und dick, die frühen Sorten der Satsuma-Mandarinenbäume sind im Reifezustand klein, aber jede hat einen zentralen Stamm.

Tötet nicht die natürlichen Raubinsekten

Ich glaube, jeder weiß, daß die meisten üblichen Obst-,,Ungeziefer" natürliche Feinde haben, und es unnötig ist, Insektizide anzuwenden, um sie unter Kontrolle zu halten. Einmal wurde das Insektizid Fusol in Japan benutzt. Die natürlichen Räuber wurden völlig vernichtet und die sich ergebenden Probleme bestehen immer noch in vielen Gebieten. Durch diese Erfahrungen sind wohl viele Bauern zu der Erkenntnis gelangt, daß es nicht wünschenswert ist, die Räuber zu vernichten, weil auf lange Sicht größere Insektenschäden auftreten.

Was die auftretenden Milben und Läuse betrifft: wenn eine Lösung aus Maschinenöl (für Raubinsekten eine relativ harmlose Chemikalie) in 200- bis 400facher Verdünnung im Mittsommer leicht versprüht wird und die Insektengemeinschaften ihr natürliches Gleichgewicht danach wieder erlangen können, regelt sich das Problem im allgemeinen selbst. Das funktioniert nicht, wenn im Juni oder Juli schon ein organisches Phosphor-Insektizid benutzt wurde, da auch die Räuber von dieser Chemikalie getötet werden.

Ich befürworte die Verwendung sogenannter harmloser ,,organischer" Sprays wie Salz-Knoblauch-Lösung oder Maschinenöl-Emulsion nicht, noch bin ich dafür, ausländische Raub-Spezies in den Obstgarten einzuführen, um lästige Insekten zu kontrollieren. Die Bäume werden im gleichen Ausmaß geschwächt und von Insekten angegriffen, wie sie von ihrer natürlichen Form abweichen. Wenn Bäume gezwungenermaßen einem Muster unnatürlicher Wachstumsentwicklung folgen und in diesem Zustand sich selbst überlassen bleiben, verwirren sich die Zweige und Insektenbefall tritt auf. Ich habe schon erzählt, wie ich mehrere Morgen Zitrusbäume auf diese Weise ausgelöscht habe.

Wenn aber diese Bäume allmählich korrigiert werden, kehren sie zumindest annähernd zu ihrer natürlichen Form zurück. Die Bäume werden kräftiger und Maßnahmen zur Insektenkontrolle werden überflüssig. Wenn ein Baum sorgfältig gepflanzt wird und von Anfang an seinen natürlichen Formen folgen darf, sind Beschneiden oder Sprays jeder Art überflüssig. Die meisten Setzlinge sind beschnitten oder ihre Wurzeln sind in der Baumschule beschädigt worden, bevor sie in den Obstgarten verpflanzt werden, was das Beschneiden von Anfang an notwendig macht.

Um die Erde im Obstgarten zu verbessern, versuchte ich, verschiedene Baumarten zu pflanzen. Unter ihnen war die Morishima-Akazie. Dieser Baum wächst das ganze Jahr und bildet in jeder Jahreszeit neue Knospen. Die

Blattläuse, die sich von diesen Knospen ernähren, begannen sich in großen Mengen zu vermehren. Die Marienkäfer ernährten sich von den Läusen, und bald begannen auch sie sich zu vermehren. Nachdem die Marienkäfer alle Läuse vertilgt hatten, gingen sie hinunter zu den Zitrusbäumen und fingen an, andere Insekten wie Milben und Woll-Läuse zu fressen.

Früchte ohne Beschneiden, Düngen oder Verwendung chemischer Spritzmittel anzubauen, ist nur innerhalb einer natürlichen Umwelt möglich.

Der Boden im Obstgarten

Es versteht sich von selbst, daß Bodenverbesserung die wichtigste Sache beim Obstanbau ist. Wenn man chemischen Dünger benutzt, wachsen die Bäume höher, aber Jahr für Jahr wird die Erde ausgelaugter. Chemische Dünger entziehen der Erde ihre Vitalität. Auch wenn er nur eine Generation lang verwendet wird, leidet die Erde stark darunter.

Es gibt keinen besseren Weg in der Landwirtschaft, als den Boden ständig zu verbessern. Vor zwanzig Jahren war das Gesicht dieses Berges nackter roter Ton, so hart, daß man keine Schaufel hineinstecken konnte. Ein guter Teil des Landes hier war so. Die Leute bauten Kartoffeln an, bis der Boden sich erschöpfte und gaben dann die Felder auf. Man könnte sagen, daß ich — eher als Zitrusfrüchte und Gemüse hier oben anzubauen — mitgeholfen habe, die Fruchtbarkeit der Erde wiederherzustellen.

Laßt uns darüber sprechen, wie ich daran ging, diese unfruchtbaren Berghänge wiederzubeleben. Nach dem Krieg wurde Propaganda dafür gemacht, einen Zitrusgarten tief zu bearbeiten und Löcher zur Beigabe von organischer Materie zu graben. Als ich von der Versuchsstation zurückkehrte, versuchte ich dies in meinem Obstgarten. Nach ein paar Jahren kam ich zu der Erkenntnis, daß diese Methode nicht nur physisch ermüdend ist, sondern auch einfach überflüssig, was die Verbesserung des Bodens betrifft.

Zuerst grub ich Stroh und Farne ein, die ich vom Berg herunter gebracht hatte. Ladungen von 1 Zentner und mehr zu tragen war eine schwere Arbeit, aber nach zwei oder drei Jahren gab es nicht einmal genug Humus, um ihn in meiner Hand aufzuhäufen. Die Löcher, die ich zum Vergraben des organischen Materials gegraben hatte, sackten ein und wurden zu offenen Gruben.

Als nächstes versuchte ich Holz zu vergraben. Es sieht erst einmal so aus, als sei Stroh die beste Hilfe zur Bodenverbesserung, aber nach der Menge der gebildeten Erde zu urteilen ist Holz besser. Das ist gut, solange es Bäume zum Schneiden gibt. Aber für jemand ohne Bäume in der Nähe ist es besser, das Holz direkt im Obstgarten zu produzieren, als es aus der Entfernung heranzuschleppen.

In meinem Obstgarten hier gibt es Kiefern und Zedern, ein paar Birnbäume, Dattelpflaumen, Loquats, japanische Kirschen und viele andere einheimische Sorten, die zwischen den Zitrusbäumen wachsen. Einer der interessantesten Bäume — obwohl kein einheimischer — ist die Morishima-Akazie. Das ist der gleiche Baum, den ich früher in Verbindung mit Marienkäfern und natürlichem Schutz durch Freßfeinde erwähnte. Das Holz ist hart, die Blüten ziehen Bienen an und die Blätter sind gut als Futter. Er hilft Insektenschäden im Obstgarten zu verhüten, dient als Windschutz und die Rhizobium-Bakterien, die in den Wurzeln leben, nähren die Erde.

Dieser Baum wurde vor einigen Jahren aus Australien nach Japan eingeführt und wächst schneller als jeder andere Baum, den ich gesehen habe. Er entwickelt in nur wenigen Monaten eine tiefe Wurzel und in sechs oder sieben

Vor 20 Jahren war das Gesicht dieses Berges nackter roter Ton, so hart, daß man keine Schaufel hineinstecken konnte.

Jahren ist er so groß wie ein Telefonmast. Zusätzlich bindet dieser Baum den Stickstoff im Boden, so daß beim Pflanzen von 6 bis 10 Bäumen pro 1000 qm die Bodenverbesserung bis in die tieferen Erdschichten getragen werden kann, und es wird unnötig, schwere Lasten vom Berg herunter zu schleppen.

Zur Verbesserung der Humusschicht säte ich auf den unfruchtbaren Boden eine Mischung aus weißem Klee und Alfalfa. Es dauerte mehrere Jahre, bis sie Fuß faßte, aber schließlich keimte sie und bedeckte die Obsthänge. Ich pflanzte auch japanischen Rettich (*daikon*). Die Wurzeln dieses herzhaften Gemüses dringen tief in die Erde ein, fügen organisches Material bei und öffnen Kanäle für Luft- und Wasser-Zirkulation. Es sät sich selbst leicht wieder aus und nachdem man es einmal gesät hat, kümmert es sich um sich selbst.

Als die Erde reichhaltiger wurde, kam auch das Unkraut wieder. Nach sechs oder sieben Jahren verschwand der Klee beinahe unter dem Unkraut, so streute ich im Spätsommer, nach Zurückschneiden des Unkrauts (Während des Sommers mähte Fukuoka die Unkräuter, Dornensträucher und Baumschößlinge, die zwischen den Obstbäumen wachsen, mit einer Sense.), etwas mehr Kleesaamen aus. Als Resultat dieser dicken Unkraut-/Kleedecke — über die letzten 25 Jahre hin — wurde die Oberflächenschicht der Obstgartenerde, die harter Ton gewesen war, locker, dunkelfarbig und reich an Regenwürmern und organischem Material.

Durch diese Gründüngung, die die Oberflächenschicht düngt, und durch die Wurzeln der Morishima Akazie, die den Boden tiefgründig verbessern, kann man sehr gut ohne Dünger auskommen und es ist unnötig, zwischen den Bäumen den Boden zu bearbeiten. Durch hohe Bäume als Windschutz, Zitrus in der Mitte, und einer Gründüngerdecke darunter, habe ich einen Weg gefunden, wenig zu arbeiten und den Garten sich selbst zu überlassen.

Gemüse anbauen wie Wildpflanzen

Als nächstes laßt uns über Gemüseanbau sprechen. Man kann entweder einen Hausgarten zur Versorgung mit Küchengemüse verwenden oder das Gemüse auf offenem, ungenutzten Land pflanzen.

Für den Hausgarten ist es genug zu sagen, daß man das richtige Gemüse zur richtigen Zeit in einer Erde anbauen sollte, die mit organischem Kompost und Mist aufbereitet ist. Die Methode des Gemüseanbaus im alten Japan vertrug sich gut mit dem natürlichen Muster des Lebens. Kinder spielen unter Obstbäumen im Hausgarten. Schweine fressen Küchenabfälle und wühlen in der Erde herum. Hunde bellen und spielen und der Bauer sät Samen in die gute Erde. Würmer und Insekten wachsen mit dem Gemüse auf, Hühner picken nach den Würmern und legen Eier für die Kinder zum Essen.

Bis vor mehr als 20 Jahren baute die typische ländliche Familie in Japan auf diese Weise ihr Gemüse an. Pflanzenkrankheiten wurden durch Anbau der traditionellen Früchte zur rechten Zeit verhütet, durch Gesundhalten der Erde, da alle organischen Rückstände der Erde wieder zurück gegeben wurden und durch Wechsel der Fruchtfolge. Schädliche Insekten wurden von Hand abgelesen und von den Hühnern gefressen. In Süd-Shikoku gab es eine Hühnerrasse, die Würmer und Insekten von dem Gemüse fraßen, ohne die Wurzeln zu zerkratzen oder die Pflanze zu beschädigen.

Einige Leute mögen zuerst skeptisch wegen der Verwendung von Tiermist oder menschlichem Abfall sein, halten das für primitiv und schmutzig. Heute wollen viele „sauberes" Gemüse, daher bauen die Bauern es in Gewächshäusern an, ohne überhaupt Erde zu verwenden. Kies-, Sand- und Hydrokultur werden immer populärer. Das Gemüse wird mit chemischen Nährstoffen gefüttert und mit Licht versorgt, das durch eine Kunststoffbedeckung gefiltert wird. Es ist seltsam, daß die Leute gelernt haben, dieses chemisch angebaute Gemüse als „rein" und sicher zum Essen anzusehen. Nahrungsmittel, die in einer Erde gewachsen sind, welche durch die Arbeit von Würmern, Mikroorganismen und zersetzendem tierischen Mist im Gleichgewicht ist, sind die saubersten und gesündesten überhaupt.

Meine Idee ist, Gemüse auf eine „halb-wilde“ Weise anzubauen, ein freies Stück Land zu nutzen, ein Flußufer oder offenes Brachland und die Samen einfach auszustreuen und das Gemüse mit dem Unkraut aufwachsen zu lassen. Ich ziehe meine Gemüse an den Berghängen, auf den Flächen zwischen den Zitrusbäumen.

Wichtig ist, die richtige Zeit zum Pflanzen zu kennen. Die rechte Zeit fürs Frühjahrsgemüse ist dann, wenn das Winterunkraut abstirbt und kurz bevor das Sommerunkraut sprießt. (Diese Methode des Gemüseanbaus ist von Fukuoka durch Versuch und Experiment in Einklang mit örtlichen Bedingungen entwickelt worden. In Ehime gibt es zuverlässigen Frühlingsregen und ein Klima, das in allen Jahreszeiten für Gemüseanbau warm genug ist. Während der Jahre hat er ausprobiert, welches Gemüse zwischen welchem Unkraut gepflanzt werden kann und welche Sorgfalt jedes erfordert.

In den meisten anderen Gebieten ist Fukuokas spezielle Methode nicht durchführbar. Es liegt an jedem Bauern, der Gemüse halb-wild anbauen will, eine Technik zu entwickeln, die an das Land und die natürliche Vegetation angepaßt sind.)

Für die Herbstsaat werden die Samen ausgestreut, wenn das Sommergras gelb wird und die Winterunkräuter noch nicht erschienen sind.

Am besten wartet man auf Regen, von dem man annimmt, daß er ein paar Tage dauert. Schneide eine Bresche in das Unkraut und streue dann die Samen aus. Es ist nicht notwendig, sie mit Erde zu bedecken, es reicht, das geschnittene Unkraut darüber zu decken, um zu mulchen und die Samen bis zum Keimen vor den Vögeln zu schützen. Normalerweise muß das Unkraut zwei- oder dreimal geschnitten werden, damit die Gemüsepflanzen einen Vorsprung bekommen. Manchmal reicht aber auch das erste Mal.

Wo das Unkraut dünner steht, braucht man nur zu säen. Die Hühner werden einiges aufpicken, der Rest wird keimen. Sät man in Reihe oder Furche, besteht die Gefahr, daß Käfer oder andere Insekten alles fressen, da auch sie sich in einer geraden Linie fortbewegen. Auch die Hühner erkennen schnell, wo das Unkraut gelichtet ist und kommen, um nach Futter zu suchen. Nach meiner Erfahrung ist es am erfolgreichsten, die Samen einfach willkürlich zu verteilen.

Gemüse, die so gezogen werden, sind kräftiger als die meisten Leute denken. Wenn sie vor dem Unkraut in die Höhe wachsen, werden sie später nicht von oben erdrückt. Es gibt einige Gemüse, wie Spinat oder Karotten, die nur schwer keimen. Das Problem wird gelöst, indem man die Samen ein oder zwei Tage in Wasser legt und dann in ein kleines Ton-Pellet rollt.

Einige Herbst-Blattgemüse, Rettich und weiße Rüben sind stark genug, um mit dem Winter- und frühen Frühlings-Unkraut zu wetteifern, wenn man sie dicht sät. Einige bleiben immer ungeerntet und säen sich selbst Jahr für Jahr wieder aus. Sie haben einen einzigartigen Geschmack und ergeben sehr interessante Gerichte.

Es ist ein überraschender Anblick, viele ungewöhnliche Gemüse hier und dort auf dem Berg gedeihen zu sehen. Japanische Rettiche und Rüben wachsen halb in der Erde und halb über der Oberfläche. Karotten und Butzenklette wachsen oft kurz und dick mit vielen Wurzelhaaren und ich glaube, ihr herber, leicht bitterer Geschmack ist der ihrer ursprünglichen wilden Vorläufer. Knoblauch, japanische Perlzwiebeln und chinesischer Lauch kommen selbst Jahr für Jahr wieder, sind sie einmal gepflanzt.

Hülsenfrüchte werden am besten im Frühjahr gesät. Kuh-Erbsen und Schminkbohnen sind leicht anzubauen und ergeben hohe Erträge. Für Erbsen, rote Azuki-Bohnen, Sojabohnen und Schminkbohnen ist frühes Keimen wesentlich. Sie haben Schwierigkeiten, ohne genügend Regen zu keimen, und man muß auch auf die Vögel und Insekten achten.

Tomaten und Auberginen sind nicht kräftig genug, um mit dem Unkraut zu wetteifern, wenn sie jung sind, und sollten daher in einem Saatbeet vorgezogen und später gepflanzt werden. Anstatt die Tomaten hochzubinden, läßt man sie am Boden entlang wachsen. Wurzeln wachsen von den Knoten am Hauptstiel hinunter und neue Schößlinge kommen hervor und tragen Früchte.

Was die Gurken betrifft, ist die auf dem Boden kriechende Sorte am besten. Die jungen Pflanzen muß man etwas umsorgen, Unkraut schneiden, danach aber wächst die Pflanze kräftig. Wir legen Bambus oder die Äste eines Baumes aus und die Gurken ranken ganz darüber hin. Die Äste eines Baumes halten die Gurkenfrüchte gerade über dem Boden, so daß sie nicht verfaulen.

Diese Methode des Gurken-Anbaus ist auch gut bei Melonen und Squash.

Kartoffeln und Taro sind sehr kräftige Pflanzen. Einmal gepflanzt, kommen sie an der gleichen Stelle jedes Jahr wieder und sind niemals vom Unkraut überwachsen. Man läßt einfach ein paar im Boden, während man erntet. Falls der Boden hart ist, wird zuerst japanischer Rettich angepflanzt. Wenn seine Wurzeln wachsen, kultivieren und lockern sie die Erde und nach wenigen Wachstumsperioden können an seiner Stelle Kartoffeln angebaut werden.

Weißer Klee ist nützlich beim Zurückhalten von Unkraut. Er wächst dicht und kann sogar starkes Unkraut wie Beifuß und Salzkraut unterdrücken. Wenn Klee gemischt mit Gemüsesamen gesät wird, ist er ein lebender Mulch, reichert die Erde an und hält den Grund feucht und gut belüftet.

Wie bei Gemüse ist es wichtig, die richtige Zeit zur Kleeaussaat zu wählen. Am besten ist Spätsommer- oder Herbstaussaat. Die Wurzeln entwickeln sich während der kalten Monate und so ist der Klee dem jährlichen Frühjahrsgras dann einen Schritt voraus. Auch im Frühling ausgesät macht der Klee sich gut. Entweder breitwürfig oder in Reihen von etwa 30 cm Abstand gedeiht er. Hat der Klee einmal Fuß gefaßt, braucht man für 5 oder 6 Jahre nicht wieder neu zu säen.

Das Hauptziel dieses halbwilden Gemüseanbaus ist es, auf so natürliche Weise wie möglich Ernten zu erzielen, auf einem Stück Land, das ansonsten ungenutzt bleiben würde. Versucht man verbesserte Techniken zu verwenden oder größere Erträge zu erhalten, endet der Versuch in einem Mißerfolg. In den meisten Fällen ist der Fehlschlag von Insekten oder Krankheiten verursacht. Wenn verschiedene Kräuter- und Gemüsesorten zusammen gemischt und zwischen der natürlichen Vegetation angebaut werden, bleibt der Schaden durch Insekten und Krankheiten minimal und es ist unnötig, Spritzmittel zu benutzen oder Käfer von Hand abzulesen.

Man kann überall Gemüse anbauen, wo es vielfältiges und kräftiges Unkraut-Wachstum gibt. Es ist wichtig, mit dem jährlichen Zyklus und den Wachstumsmustern der Kräuter und Gräser vertraut zu werden. Betrachtet man aber die Vielfalt und Größe des Unkrauts auf einem bestimmten Gebiet, kann man sagen, welche Art Erde es dort gibt und ob ein Mangel oder nicht besteht.

In meinem Obstgarten ziehe ich Butzenklette, Kohl, Tomaten, Karotten, Senf, Bohnen, Rüben und viele andere Arten von Kräutern und Gemüsen auf diese halbwilde Weise.

Wann kann man Chemikalien aufgeben?

Der heutige japanische Reisanbau steht an einem wichtigen Scheideweg. Bauern und Spezialisten sind verwirrt, welchem Weg sie folgen sollen — mit der bisherigen Kultur fortzufahren oder zur Direkt-Einsaat überzuwechseln. Und wenn Direkt-Saat, Bearbeitung oder Nicht-Bearbeitung zu wählen. Ich habe während der letzten 20 Jahre gesagt, daß Direkteinsaat-/Nicht-Bearbeitung sich schließlich als der beste Weg erweisen wird. Die Geschwindigkeit, mit der die Direkteinsaat sich schon in der Präfektur Okayama ausbreitet, ist bezeichnend.

Es gibt jedoch jene Leute, die sagen, daß es undenkbar sei, sich einer nichtchemischen Landwirtschaft zuzuwenden, um das ganze Land zu ernähren. Sie sagen, daß Chemie gebraucht wird, um die drei großen Reiskrankheiten zu kontrollieren — Stielfäule, Reis-Mehltau und bakterieller Blatt-Mehltau. Wenn aber die Bauern aufhören würden, schwache ,,veredelte" Samensorten zu verwenden, der Erde zu viel Stickstoff zuzuführen und zu stark zu bewässern, so daß sich starke Wurzeln entwickeln könnten, würden all diese Krankheiten verschwinden und chemische Spritzmittel unnötig werden.

Anfangs war die rote Tonerde in meinen Feldern arm und für Reisbau ungeeignet. Gelegentlich trat die Braunflecken-Krankheit auf. Als aber die Felder allmählich fruchtbarer wurden, minderte sich das Vorkommen dieser Krankheit. Seit einiger Zeit hat es keinen Ausbruch mehr gegeben.

Gleiches gilt für Insektenschäden. Die wichtigste Sache ist, nicht die natürlichen Feinde zu töten. Das Feld fortwährend unter Wasser zu halten oder mit stehendem oder verschmutztem Wasser zu bewässern, wird auch zu Insektenproblemen führen. Die lästigsten Insektenplagen, Sommer- und Winter-Blattflöhe, können unter Kontrolle gehalten werden, wenn das Wasser aus dem Feld herausgehalten wird.

Grüne Reis-Blattflöhe, die im Unkraut den Winter überdauern, können Virus-Überträger sein. Falls das geschieht, ist das Ergebnis oft ein Verlust von 10-20 % durch Reis-Mehltau. Wenn jedoch keine Chemikalien gespritzt werden, gibt es viele Spinnen im Feld und man kann ihnen die Arbeit überlassen. Spinnen reagieren empfindlich auf die geringsten menschlichen Eingriffe und dem muß immer Rechnung getragen werden.

Die meisten Leute meinen, wenn chemischer Dünger und Insektizide aufgegeben werden, fielen die landwirtschaftlichen Erträge auf einen Bruchteil des gegenwärtigen Standards. Experten für Insektenschäden schätzen, daß die Verluste im ersten Jahr nach Aufgabe von Insektiziden etwa 5 % betragen würden. Verluste von weiteren 5 % durch Aufgabe von Kunstdünger wären wahrscheinlich realistisch.

Das heißt, wenn der Wasserverbrauch im Reisfeld beschränkt und die allseits empfohlenen Kunstdünger und Pestizide gemieden werden, würden wahrscheinlich die Durchschnittsverluste im ersten Jahr etwa 10 % erreichen. Die Regenerationskraft der Natur ist aber unvorstellbar und nach diesem anfänglichen Verlust würden die Ernten steigen und schließlich die ursprünglichen Werte überschreiten.

Als ich auf der Kochi-Station war, führte ich Experimente zur Vorbeugung gegen Stiel-Bohrer durch. Diese Insekten dringen in die Stiele von Reispflanzen ein, ernähren sich davon und verursachen Weißfärbung und Verdorren des Stengels. Die Methode, den Schaden einzuschätzen, ist einfach: Man zählt, wie viele weiße Reisstengel es gibt. Bei hundert Pflanzen können 10 oder 20 % der Halme weiß sein. In schweren Fällen, wenn es scheint, als ob die ganze Ernte ruiniert ist, ist der tatsächliche Schaden etwa 30 %.

Um dies zu untersuchen, wurde ein Reisfeld mit Insektiziden bespritzt, um die Stiel-Bohrer zu vernichten. Ein anderes Feld blieb unbehandelt. Als die Resultate berechnet wurden, stellte sich heraus, daß das unbehandelte Feld mit vielen welken Halmen den höheren Ertrag hatte. Zuerst konnte ich es selbst nicht glauben und dachte, es seien falsche Zahlen. Die Daten schienen aber korrekt zu sein, deshalb forschte ich weiter.

Folgendes war geschehen: Die Stiel-Bohrer hatten durch den Angriff der schwächeren Pflanzen eine Art Auslichtungs-Effekt erzielt. Das Verdorren einiger Halme ließ mehr Raum für den Rest der Pflanzen. Die Sonne war in der Lage, zu den tieferen Blättern vorzudringen. Die verbleibenden Reispflanzen wuchsen als Ergebnis viel kräftiger, trieben mehr korntragende Halme und produzierten mehr Getreide in den Ähren, als sie es ohne Ausdünnen getan hätten. Wenn die Dichte der Halme zu stark ist und Insekten nicht den Überschuß auslichten, sehen die Pflanzen gesund aus, in vielen Fällen ist die Ernte tatsächlich niedriger.

Betrachtet man die vielen Forschungsberichte, so findet man Ergebnisse praktisch jedes chemischen Spritzmittels protokolliert. Es wird im allgemeinen aber nicht anerkannt, daß nur die Hälfte dieser Ergebnisse berichtet werden. Natürlich gibt es keine Absicht, etwas zu verbergen, wenn aber die Resultate von den Chemiefirmen in Werbeanzeigen veröffentlicht werden, ist es das gleiche, als ob die widersprechenden Daten verheimlicht worden wären. Resultate, die niedrigere Erträge zeigen, wie im Experiment mit den Stiel-Bohrern werden als Versuchsfehler klassifiziert und abgelegt. Natürlich gibt es Fälle, in denen Insektenvernichtung in gestiegenen Erträgen resultiert, es gibt aber andere Fälle, in denen der Ertrag gemindert wird. Berichte über die letzteren Fälle erscheinen selten gedruckt.

Am schwersten ist es wohl, den Bauern vom Gebrauch der Herbizide abzuraten. Seit alters her leidet der Bauer unter dem ,,Krieg gegen das Unkraut''. Pflügen, Bearbeiten zwischen den Reihen, das Ritual des Reis-Umpflanzens selbst, alles zielt hauptsächlich auf die Vernichtung des Unkrauts. Vor der Entwicklung von Herbiziden mußte ein Bauer jede Saison viele Kilometer durch die überfluteten Reisfelder gehen, ein Jätwerkzeug die Reihen auf und nieder ziehen und das Unkraut von Hand ausziehen. Es ist leicht zu verstehen, warum diese Chemikalien als Gottesgabe angenommen wurden. In der Verwendung von Stroh und Klee und zeitweiliger Überflutung der Felder habe ich einen einfacheren Weg zur Unkrautkontrolle gefunden, ohne die harte Arbeit des Jätens oder die Verwendung von Chemikalien.

Eine Lehmwand-Hütte im Obsthain.

Grenzen der wissenschaftlichen Methoden

Bevor Menschen zu Forschern werden, sollten sie Philosophen sein. Sie sollten bedenken, was das menschliche Ziel ist, was es ist, das die Menschheit schaffen sollte. Ärzte sollten zuvor grundsätzlich bestimmen, was es ist, wovon menschliche Wesen im Leben abhängen.

Bei der Anwendung meiner Theorien in der Landwirtschaft habe ich damit experimentiert, meine Ernten auf verschiedene Art anzubauen. Immer mit der Vorstellung, eine der Natur nahe Methode zu entwickeln. Ich habe das getan, indem ich unnötige landwirtschaftliche Praktiken ausgemerzt habe.

Die moderne wissenschaftliche Landwirtschaft hat dagegen keine solche Vision. Die Forschung wandert ziellos herum, jeder Forscher sieht nur einen Teil der unendlich vielen natürlichen Faktoren, die auf Ernteerträge einwirken. Überdies wechseln diese natürlichen Faktoren von Ort zu Ort und von Jahr zu Jahr.

Obwohl es das gleiche Stück Land ist, muß der Bauer jedes Jahr seine Früchte verschieden anbauen, in Übereinstimmung mit Abweichungen beim Wetter, Insektenbevölkerungen, dem Zustand der Erde und vielen anderen Einflüssen. Die Natur ist überall in ewiger Bewegung. In zwei verschiedenen Jahren sind die Bedingungen niemals genau die gleichen.

Moderne Forschung trennt die Natur in winzige Stücke und führt Versuche durch, die weder mit den Naturgesetzen noch mit praktischen Erfahrungen konform gehen. Die Resultate werden zur Bequemlichkeit der Forschung arrangiert, nicht gemäß der Bedürfnisse der Bauern. Zu denken, daß diese Schlußfolgerungen mit unverändertem Erfolg auf den Feldern angewendet werden können, ist ein großer Fehler.

Kürzlich schrieb Professor Tsuno von der Universität Ehime ein langes Buch über die Beziehung zwischen Pflanzenstoffwechsel und Reisernten. Dieser Professor kommt oft auf mein Feld, gräbt ein paar Schollen heraus, um die Erde zu prüfen, bringt Studenten mit, um den Winkel von Sonnenlicht und Schatten zu messen und was nicht alles noch, und nimmt Pflanzenproben zur Analyse mit ins Labor. Ich frage ihn oft: ,,Wenn Sie zurückgehen, werden Sie Nicht-Bearbeitung und Direkteinsaat versuchen?" Er antwortet lachend: „Nein, ich überlasse Ihnen die Anwendung. Ich werde bei der Forschung bleiben."

So ist es nun einmal. Man studiert die Funktion des Pflanzenstoffwechsels und ihre Fähigkeit, Nährstoffe aus der Erde aufzunehmen, man schreibt ein Buch und bekommt den Doktor in Agrarwissenschaften. Man fragt aber nicht, ob die Theorie der Assimilation für den Ertrag relevant sein wird.

Sogar wenn man erklären kann, wie der Stoffwechsel auf die Produktivität des obersten Blattes einwirkt, wenn die Durchschnittstemperatur 25 Grad beträgt, gibt es doch Plätze, wo die Temperatur nicht 25 Grad beträgt. Und wenn die Temperatur dieses Jahr 25 Grad in Ehime ist, könnte sie nächstes Jahr nur 20 Grad betragen. Zu sagen, daß einfach den Stoffwechsel in die Höhe zu treiben die Stärkebildung steigert und eine große Ernte produziert, ist ein Fehler. Die Geographie und die Topographie des Landes, der Zustand der Erde, ihre Struktur, Beschaffenheit und der Wasserabfluß, Licht von der Sonne, Insektenbeziehungen, die gesäten Sorten, die Methoden der Kultivierung — wahrhaft eine unendliche Vielzahl von Faktoren — müssen alle berücksichtigt werden. Eine wissenschaftliche Versuchsmethode, die alle relevanten Faktoren in Betracht zieht, ist unmöglich.

Man hört heut eine Menge Gerede über die Wohltaten der „Guten-Reis Bewegung" und der „Grünen Revolution". Weil diese Methoden von schwachen, „veredelten" Samensorten abhängen, wird es für den Bauern notwendig, acht oder zehnmal während einer Wachstumsperiode Chemikalien und Insektizide anzuwenden. In kurzer Zeit ist die Erde von Mikroorganismen und organischer Materie „gesäubert". Das Bodenleben ist zerstört, die Produkte werden von Nährstoffen abhängig, die von außen in Form chemischer Dünger beigegeben werden.

Es erscheint, daß die Dinge besser gehen, wenn der Bauer „wissenschaftliche" Techniken anwendet. Das bedeutet aber nicht, daß die Wissenschaft zum Retter werden muß, weil die natürliche Fruchtbarkeit unzulänglich ist. Es bedeutet, daß Rettung nötig ist, weil die natürliche Fruchtbarkeit zerstört worden ist.

Durch Verteilen von Stroh, Säen von Klee und Rückführen aller organischen Rückstände in die Erde kann die Erde all die nötigen Nährstoffe wieder selbst zur Verfügung stellen, um auf dem gleichen Feld Jahr für Jahr Reis und Wintergetreide wachsen zu lassen. Durch natürliche Landwirtschaft können Felder, die schon durch Bearbeitung oder Gebrauch landwirtschaftlicher Chemikalien geschädigt worden sind, gerettet werden.

III

Ein Bauer redet

Es gibt zur Zeit in Japan sehr viel Betroffenheit, und zwar berechtigte, über Umweltverschmutzung und die resultierende Vergiftung der Nahrung. Bürger haben Boykotte und große Demonstrationen organisiert, um gegen die Gleichgültigkeit der politischen und industriellen Führer zu protestieren. All diese Aktivität aber, falls sie im gegenwärtigen Geist weitergeführt wird, ist vergebliche Mühe. Über die Beseitigung besonderer Fälle von Verschmutzung zu sprechen ist wie Symptome einer Krankheit zu behandeln, während die Grundursache des Leidens sich weiterfrißt.

Vor zwei Jahren wurde zum Beispiel eine Konferenz zum Zweck der Diskussion über Umweltverschmutzung vom Agricultural Management Research Center organisiert, zusammen mit dem Organic Agricultural Council und der Nada Coop. Vorsitzender der Konferenz war Teruo Ichiraku, der Chef der Japanese Organic Farmers Association und eine der mächtigsten Figuren in der Landwirtschaftspolitik der Regierung. Die Empfehlungen seines Amtes, welche Pflanzen und Samensorten angebaut, wieviel Dünger verwendet und welche Chemikalien angewandt werden sollten, werden von fast jedem Dorfbauern in Japan befolgt.

Weil eine solche Vielfalt von einflußreichen Leuten teilnahm, ging auch ich in der Hoffnung hin, daß weitreichende Aktivitäten beschlossen und verwirklicht werden könnten.

Vom Standpunkt der Publizität des Nahrungs-Vergiftungs-Problems könnte man diese Konferenz für erfolgreich halten. Aber wie die anderen Sitzungen entartete die Diskussion in eine Reihe hochtechnischer Berichte von Forschungs-Spezialisten und persönlichen Berichten der Greuel von Nahrungsvergiftungen. Niemand schien bereit, das Problem grundsätzlich anzugehen.

In einer Diskussion über Quecksilber-Vergiftung von Thunfisch zum Beispiel sprach der Repräsentant des Fischereiministeriums davon, wie wahrhaft furchterregend das Problem geworden sei. In jener Zeit wurden Quecksilbervergiftungen täglich in Radio und Zeitungen diskutiert und so hörte jeder aufmerksam zu, was er zu sagen hatte.

Der Redner sagte, daß die Menge an Quecksilber in den Körpern von

Thunfischen, sogar bei solchen aus dem Atlantischen Ozean und aus der Nähe vom Nordpol, extrem hoch sei. Als jedoch ein Labor-Exemplar, das mehrere hundert Jahre alt war, seziert und analysiert wurde, enthielt dieser Fisch, entgegen aller Erwartungen, ebenfalls Quecksilber. Seine Schlußfolgerung war, daß Quecksilberkonsum für den Fisch lebensnotwendig sei.

Die Leute im Publikum schauten sich ungläubig an. Der Zweck der Zusammenkunft sollte gewesen sein, zu bestimmen, wie man mit der Vergiftung umgeht, die die Umwelt verseucht, und Korrekturmaßnahmen zu ergreifen. Stattdessen war hier dieser Repräsentant vom Fischereiamt, der behauptete, daß Quecksilber für das Überleben des Thunfisches notwendig sei. Das ist es, was ich meine, wenn ich sage, daß die Leute die Grundursachen der Verschmutzung nicht begreifen, sondern sie nur aus einer engen und verfälschten Perspektive sehen.

Ich stand auf und schlug vor, daß wir gemeinschaftliche Aktionen aufnehmen sollten, um sogleich einen konkreten Plan zum Umgang mit Vergiftungen aufzustellen. Wäre es nicht besser, geradeheraus über den Stop des Gebrauchs von Chemikalien zu reden, die die Vergiftungen verursachen? Reis kann zum Beispiel sehr gut ohne Chemikalien angebaut werden, genau wie Zitrusfrüchte, und es ist nicht schwierig, Gemüse ebenso anzubauen. Ich sagte, daß es getan werden könne und daß ich es auf meinem Hof jahrelang getan habe, daß aber niemand sauberem Anbau eine Chance geben würde, solange die Regierung fortfährt, den Gebrauch von Chemikalien zu unterstützen.

Mitglieder des Fischereiministeriums waren bei dem Treffen anwesend, Leute vom Landwirtschafts- und Forstministerium und der Landwirtschaftsbehörde. Falls sie und der Vorsitzende der Konferenz, Herr Ichiraku, wirklich etwas in Gang bringen wollten und vorschlagen würden, daß die Bauern überall im Land Reis ohne Chemikalien anbauen sollten, hätten sich weitreichende Veränderungen ergeben können.

Es gab jedoch ein großes Problem. Falls die Früchte ohne landwirtschaftliche Chemikalien, Dünger oder Maschinen angebaut werden sollten, würden die riesigen Chemiefirmen unnötig werden und Landwirtschaftsbehörden würden zusammenbrechen. Um die Sache frontal anzugehen sagte ich, daß die Coops und die Mächtigen in der modernen Landwirtschaft von großen Kapitalinvestitionen für Dünger und Landwirtschaftsmaschinerie als der Grundlage ihrer Macht abhängen. Maschinen und Chemikalien abzuschaffen würde einen völligen Wechsel der wirtschaftlichen und sozialen Strukturen mit sich bringen. Aus diesem Grunde sähe ich keine Möglichkeit, daß Herr Ichiraku und die Coops oder die Regierungsbeamten sich zu Gunsten von

Maßnahmen aussprechen, die die Verschmutzung beseitigen.

Als ich das sagte, antwortete der Vorsitzende: ,,Herr Fukuoka, Sie bringen die Konferenz mit Ihren Bemerkungen in Verwirrung" und verbot mir den Mund. Nun, das ist es, was geschah.

Eine bescheidene Lösung für ein schwieriges Problem

Es erscheint, als ob die Regierungsstellen keine Absicht haben, die Verschmutzung zu stoppen. Eine zweite Schwierigkeit ist, daß alle Aspekte des Problems der Nahrungsvergiftung zusammengebracht und gleichzeitig gelöst werden müßten. Ein Problem kann nicht von Leuten gelöst werden, die nur mit dem einen oder anderen Teil des Problems befaßt sind.

Solange das Bewußtsein von allen nicht grundlegend verändert ist, wird die Vergiftung nicht aufhören.

Der Bauer glaubt zum Beispiel, daß ihn die Binnensee (das kleine Meer zwischen den Inseln Honshu, Kyushu und Shikoku) nicht betrifft. Er denkt, es sei die Angelegenheit des Fischereibüros, das sich um den Fisch kümmern muß, sowie die Arbeit des Umweltrates, sich um die Meeresverschmutzung zu kümmern. In dieser Art des Denkens liegt das Problem.

Die üblicherweise benutzten Dünger Ammonium-Sulfat, Kalkstickstoff, Super-Phosphate und dergleichen werden in großen Mengen verwendet und die Pflanzen auf dem Feld absorbieren nur Bruchteile davon. Der Rest kommt in Flüsse und Bäche und fließt schließlich in das Binnenmeer. Diese Stickstoff-Verbindungen sind Nahrung für Algen und Plankton, die sich in großen Mengen vermehren und das Auftreten der ,,roten Flut'' verursachen. Natürlich tragen ebenso industrielle Einleitungen von Quecksilber und anderen giftigen Abfällen zur Verschmutzung bei, aber die Wasserverschmutzung in Japan rührt zum großen Teil von landwirtschaftlichen Chemikalien her.

So ist es der Bauer, der die größte Verantwortung für die rote Flut tragen muß. Der Bauer, der Chemikalien auf seinem Feld anwendet, die Gesellschaften, die diese Chemikalien produzieren, die Gemeindebeamten, die an die Bequemlichkeit von Chemikalien glauben und demgemäß technische Hilfe anbieten — wenn nicht jeder dieser Leute das Problem bedenkt, wird es keine Lösung der Frage der Wasserverseuchung geben.

So wie es ist, werden nur jene, die direkt betroffen sind, aktiv werden, um mit Verschmutzungsproblemen zu kämpfen, wie im Fall von ansässigen Fischern gegen die großen Ölgesellschaften nach der Ölpest nahe Mizushima. Oder wie ein Professor beabsichtigt, mit dem Problem fertig zu werden, indem ein Kanal durch das Herz der Insel Shikoku getrieben wird, damit das relativ reine Wasser des Pazifischen Ozeans in das Binnenmeer fließen kann. Diese Art von Dingen ist erforscht und versucht worden, aber eine echte Lösung kann so nicht aussehen.

Es ist eine feststehende Tatsache, daß die Situation sich verschlimmert, was immer wir auch tun. Je ausgefeilter die Gegenmaßnahmen sind, desto komplizierter wird das Problem.

Angenommen, durch Shikoku *würde* eine Pipeline gelegt und vom Pazifik *würde* Wasser gepumpt und ins Binnenmeer geleitet. Laßt uns annehmen, daß das möglicherweise das Binnenmeer reinigt. Aber woher wird die elektrische Energie kommen, um die Fabrik zu unterhalten, die die Stahlrohre produziert? Und was ist mit der notwendigen Energie, um das Wasser weiterzupumpen? Es würde ein Atomkraftwerk nötig werden. Um solch ein System zu konstruieren, müßten Beton und all die verschiedenen Materialien montiert werden. Und ebenso müßte ein Uran-Verarbeitungs-Zentrum gebaut werden. Wenn Lösungen sich auf diese Weise entwickeln, säen sie nur die Samen für die Verschmutzungsprobleme der Zweit- und Drittgeneration, die schwieriger als die jetzigen sein werden und viel verbreiteter.

Es ist wie der Fall des gierigen Bauern, der den Bewässerungseinlaß zu weit öffnet und das Wasser in sein Reisfeld hineinstürzen läßt. Ein Riß entwickelt sich und der Wall bricht weg. Jetzt wird Verstärkungsarbeit notwendig. Die Wälle werden verstärkt und der Bewässerungskanal erweitert. Das gesteigerte Wasservolumen erhöht nur die potentielle Gefahr und wenn der Wall wieder nachgibt, ist zum Wiederaufbau noch größere Mühe nötig.

Wird eine Entscheidung gefällt, um mit den Symptomen eines Problems fertig zu werden, nimmt man generell an, daß die korrigierenden Maßnahmen das Problem selbst lösen werden. Sie tun es selten. Ingenieure können das anscheinend nicht in ihre Köpfe bekommen. Diese Gegenmaßnahmen basieren alle auf einer zu engen Definition von dem, was falsch ist. Menschliche **Maßnahmen und Gegenmaßnahmen gehen aus begrenzter wissenschaftlicher Wahrheit und Urteil hervor. Eine echte Lösung kann so niemals aufkommen.** (Mit ,,begrenzt wissenschaftlicher Wahrheit und Urteil" bezieht sich Fukuoka auf die Welt, wie sie vom menschlichen Intellekt wahrgenommen und konstruiert wird. Er betrachtet diese Wahrnehmung als Beschränkung auf einen Rahmen, der von seinen eigenen Vorstellungen definiert wird.)

Meine bescheidenen Lösungen wie Stroh ausbreiten und Klee anbauen erzeugen keine Verschmutzungen. Sie sind wirkungsvoll, weil sie die Quelle des Problems beseitigen. Bis das Vertrauen in große technologische Lösungen vergangen ist, wird die Verschmutzung noch schlimmer werden.

Eine schwere Geburt

Verbraucher denken im allgemeinen, sie hätten mit landwirtschaftlicher Umweltverschmutzung nichts zu tun. Viele von ihnen fragen nach Nahrungsmitteln, die nicht chemisch behandelt sind. Aber chemisch behandelte Nahrung wird hauptsächlich als Antwort auf die Vorlieben der Verbraucher vermarktet. Der Verbraucher fordert große, glänzende, makellose Produkte von regelmäßiger Form. Um diese Wünsche zu befriedigen, sind landwirtschaftliche Chemikalien, die vor 5 oder 6 Jahren noch nicht verwendet wurden, rasch in Gebrauch gekommen.

Wie kamen wir in eine solch schlimme Lage? Die Leute sagen, es mache ihnen nichts aus, ob Gurken gerade oder gebogen sind, und daß Früchte nicht notwendigerweise äußerlich schön sein müssen. Man sollte einmal einen Blick in die Supermärkte in Tokio werfen, wenn man sehen will, wie der Preis auf Verbraucherwünsche eingeht. Sieht die Frucht nur ein wenig besser aus, bekommt man 50 Pf oder eine Mark pro Pfund mehr. Ist die Frucht „klein", „mittel" oder „groß" klassifiziert, kann der Preis pro Pfund mit jeder Steigerung in der Größe doppelt oder dreifach so hoch sein.

Die Bereitschaft der Verbraucher, hohe Preise für Früchte zu bezahlen, die außerhalb der Saison produziert werden, hat auch zum gestiegenen Gebrauch von künstlichen Anbaumethoden und Chemikalien beigetragen. Letztes Jahr erzielten Unshu-Mandarin-Orangen aus Gewächshäusern im Sommer (diese Frucht reift in der Natur im späten Herbst) Preise, die zehn- bis zwanzigmal höher waren als die der Saison-Mandarinen. Anstatt des üblichen Preises von 0,50 bis 0,75 DM pro Pfund wurden Preise von 6 bis 12 DM pro Pfund bezahlt. Und auf diese Weise, wenn man mehrere Tausend DM zur Einrichtung der Ausrüstung bezahlt, den nötigen Brennstoff kauft und zusätzliche Stunden arbeitet, kann man einen Gewinn realisieren.

Anbau außerhalb der Saison wird immer populärer. Um nur einen Monat früher Mandarin-Orangen zu haben, scheinen die Leute in der Stadt gerne für Extra-Investition von Arbeit und Ausrüstung zu bezahlen. Aber wenn man sich überlegt, wie wichtig es für Menschen ist, diese Frucht einen Monat früher zu haben, so ist die Wahrheit, daß es überhaupt nicht wichtig ist — und dabei ist Geld nicht das einzige, was für diesen Luxus bezahlt wird.

Überdies wird nun ein Farbstoff verwendet, der vor einigen Jahren noch nicht benutzt wurde. Durch diese Chemikalie wird die Frucht eine Woche früher reif gefärbt. Davon abhängig, ob die Frucht eine Woche vor oder nach dem 10. Oktober verkauft wird, verdoppelt sich der Preis (entweder) oder fällt um die Hälfte. So wendet der Bauer färbungs-beschleunigende Chemikalien an und stellt nach der Ernte die Früchte in eine Reifungskammer zur Gasbehandlung.

Wenn aber die Früchte früh ausgeliefert werden, sind sie nicht süß genug, und so werden künstliche Süßmittel benutzt. Man nimmt allgemein an, daß chemische Süßstoffe verboten sind, aber die auf Zitrusbäume gespritzten künstlichen Süßstoffe sind nicht speziell verboten worden. Die Frage ist die, ob sie in die Kategorie ,,landwirtschaftliche Chemikalien'' fallen oder nicht. In jedem Fall benutzt sie fast jeder.

Die Früchte werden dann zum Sortier-Zentrum der Coop gebracht. Um die Früchte nach Größen auszusortieren, rollt jede einzelne mehrere hundert Meter ein Förderband entlang. Je größer das Sortier-Zentrum, desto länger werden die Früchte gestoßen und herumgeworfen. Nach einer Wasserwäsche werden die Mandarin-Orangen mit Konservierungsmitteln besprüht und ein Farbstoff wird aufgebürstet. Schließlich, als Abschluß, wird eine Paraffin-Wachslösung aufgetragen und die Früchte werden glänzend poliert. Heutzutage sind Früchte tatsächlich ,,durch die Mühle gelaufen''.

Also werden von dem Zeitpunkt an, bevor die Frucht gerade geerntet wurde, bis zum Zeitpunkt der Auslieferung und dem Eintreffen auf der Ladentheke 5 bis 6 Chemikalien benutzt. Ungeachtet der chemischen Dünge- und Spritzmittel, die benutzt wurden, während die Ernten noch im Obstgarten wuchsen. Und das alles nur, weil der Verbraucher attraktivere Früchte kaufen will. Diese kleine Vorliebe hat den Bauern in eine wirklich schlimme Lage gebracht.

Dies wird nicht getan, weil der Bauer viel arbeiten möchte, oder weil die Beamten des Landwirtschaftsministerium gerne den Bauern zu all dieser Extraarbeit treiben. Die Situation wird sich nicht bessern, bis nicht das allgemeine Gefühl für Werte sich ändert.

Als ich vor 40 Jahren beim Zollbüro war, wurden Sunkist-Zitronen und Orangen auf die gleiche Weise behandelt. Ich war sehr dagegen, dieses System in Japan einzuführen, aber meine Worte konnten die Übernahme des Systems nicht verhindern.

Wenn ein Bauern-Haushalt oder die Coop einen neuen Prozeß wie das Wachsen der Mandarin-Orangen aufnimmt, ist der Profit größer wegen der zusätzlichen Arbeit und des Aufwandes. Die anderen Kooperativen bemerken dies — bald führen auch sie das neue Verfahren ein. Nicht gewachste Früchte bringen nicht mehr so hohe Preise. In zwei oder drei Jahren wird sich das Wachsen überall im Lande durchgesetzt haben. Dann drückt der Wettbewerb die Preise und alles, was dem Bauern übrigbleibt, ist die Last harter Arbeit und die zusätzlichen Kosten für Lieferung und Ausrüstung. Dann *muß* er wachsen.

Natürlich badet dies alles der Verbraucher aus. Nahrung, die nicht frisch ist, kann verkauft werden, weil sie frisch *aussieht*. Biologisch ausgedrückt halten Früchte in leicht verschrumpeltem Zustand ihre ,,Atmung" und ihren Energieverbrauch auf dem niedrigstmöglichen Niveau. Es ist wie bei einer Person in Meditation: Stoffwechsel, Atmung und Kalorienverbrauch erreichen eine extrem niedrige Ebene. Sogar wenn man fastet, wird die Energie innerhalb des Körpers bewahrt. In der gleichen Weise gilt, wenn Mandarin-Orangen faltig werden, wenn Früchte schrumpeln, wenn Gemüse welkt, ist dies ein Zustand, der ihren Nährwert für die längstmögliche Zeit konserviert.

Es ist ein Fehler, die bloße Erscheinung von Frische zu erhalten zu versuchen, wie Ladenbesitzer, die immer wieder Wasser über ihr Gemüse spritzen. Obwohl das Gemüse frisch aussieht, verschlechtern sich bald Geschmack und Nährwert.

Auf jeden Fall sind die landwirtschaftlichen Kooperativen und kollektiven Sortierzentren integriert und ausgeweitet worden, um solche unnötigen Aktivitäten durchzuführen. Das wird ,,Modernisierung" genannt. Das Produkt wird verpackt und für das große Liefersystem verladen und zum Verbraucher ausgeliefert.

Um es in einem Satz zu sagen: Solange es keine Umkehr des Wertgefühls gibt, das sich mehr um Größe und Aussehen als um Qualität sorgt, wird es keine Lösung des Problems der Nahrungsvergiftung geben.

Die Vermarktung von Naturkost

In den vergangenen Jahren habe ich etwa 2500 kg Reis an Naturkostläden in verschiedenen Teilen des Landes geschickt. Ich habe auch 400 15-kg-Kartons mit Mandarin-Orangen in 10-Tonnen-Lastern an eine Koop in Tokios Suginami-Distrikt geliefert. Der Vorsitzende der Coop wollte unvergiftete Produkte verkaufen und das war die Basis unserer Übereinkunft.

Das erste Jahr war ziemlich erfolgreich, es gab aber auch einige Klagen. Die Größe der Früchte variierte sehr, das Äußere war etwas schmutzig, die Haut war manchmal schrumpelig und so weiter. Ich hatte die Früchte in unbeschrifteten einfachen Kartons geliefert und es gab einige Leute, die ohne Grund annahmen, daß die Früchte nur „zweite Wahl" seien. Nun verpacke ich die Früchte in Kartons mit der Aufschrift „natürliche Mandarinen".

Da Naturkost mit den geringsten Kosten und Mühen produziert werden kann, denke ich, daß sie zu niedrigen Preisen verkauft werden sollte. Letztes Jahr waren meine Früchte im Gebiet von Tokio die billigsten von allen. Nach dem Urteil vieler Ladenbesitzer war der Geschmack der beste. Es wäre natürlich am besten, wenn die Früchte am Ort verkauft werden könnten, unter Verringerung von Zeit und Kosten für die Auslieferung, aber dennoch war der Preis richtig, die Früchte frei von Chemikalien und sie schmeckten gut. Dieses Jahr bin ich gebeten worden, zwei- oder dreimal so viel zu liefern wie zuvor.

An diesem Punkt kommt die Frage auf, wie weit sich der Direktverkauf von Naturkost verbreiten kann. Ich habe in dieser Hinsicht Hoffnung. Während der letzten Zeit wurden die Chemie-Bauern wirtschaftlich in die Enge getrieben und das macht die Produktion natürlicher Nahrungsmittel für sie attraktiver. Gleich wie schwer der Durchschnittsbauer arbeitet, Chemikalien, Farbstoffe, Waschmittel verwendet, er kann seine Früchte nur zu einem Preis verkaufen, der kaum seine Kosten deckt. Dieses Jahr kann sogar ein Hof mit außergewöhnlich guten Früchten nur erwarten, einen Profit von weniger als 15 Pf pro Pfund zu erzielen. Die Bauern, die etwas ungünstiger produzieren, stehen mit leeren Händen da.

Da die Preise in den letzten Jahren gesunken sind, wurden die Land-

wirtschafts-Coops und die Sortierzentren sehr strikt und wählen nur Früchte der allerbesten Qualität aus. Geringere Qualität kann nicht an die Sortierzentren verkauft werden. Nachdem der Bauer die Arbeit eines ganzen Tages in die Ernte steckt, sie in Kisten packt und sie zum Sortierzentrum fährt, muß er noch bis 11 oder 12 Uhr nachts arbeiten, um seine Früchte auszusortieren, Stück für Stück und nur die von perfekter Größe und Form auswählen. (Das zurückgewiesene Obst wird für etwa den halben Preis an eine private Firma verkauft, die es zu Saft preßt.)

Die ,,Guten“ betragen manchmal nur 25 bis 50 % der Gesamternte und sogar von diesen werden einige Früchte von der Coop zurückgewiesen. Wenn der verbleibende Profit nur 5 bis 6 Pf pro Pfund beträgt, wird er als ziemlich gut angesehen. Der arme Zitrusbauer arbeitet heute schwer und steht doch am Rande des Ruins.

Obstanbau ohne Chemikalien, Kunstdünger oder Bearbeitung der Erde bedeutet weniger Kosten und daher ist der Nettogewinn des Bauern höher. Das Obst, das ich ausliefere, ist praktisch unsortiert. Ich packe die Früchte einfach in Kisten, schicke sie zum Markt und gehe früh ins Bett.

Die anderen Bauern in meiner Nachbarschaft erkennen, daß sie sehr schwer arbeiten, nur um am Ende mit leeren Taschen dazustehen. Das Gefühl wächst, daß es nichts Seltsames am Anbau von Naturkost-Produkten gibt und die Produzenten sind zu einem Wechsel zum Anbau ohne Chemikalien bereit. Bis aber Naturkost am Ort verkauft werden kann, sorgt sich der Durchschnittsbauer darüber, daß er keinen Markt hat, wo er seine Produkte verkaufen kann.

Was den Verbraucher betrifft, so war die übliche Meinung, daß Naturkost teurer sein sollte. Wenn sie nicht teuer ist, vermuten die Leute, daß es keine Naturkost ist. Ein Händler bemerkte, daß niemand natürliche Produkte kaufen würde, wenn sie nicht hohe Preise haben.

Ich meine immer noch, daß Naturkost billiger als alles andere verkauft werden sollte. Vor einigen Jahren wurde ich gebeten, den Honig aus dem Zitrusgarten und die Eier von den Hennen am Berg zu einem Naturkostladen in Tokio zu schicken. Als ich herausfand, daß der Händler sie zu überhöhten Preisen verkaufte, war ich wütend. Ich wußte, daß ein Händler, der auf diese Weise Nutzen aus seinen Kunden ziehen würde, auch meinen Reis mit anderem Reis mischen würde, um das Gewicht zu erhöhen, und daß dieser auch den Kunden zu einem unfairen Preis erreichen würde. Ich stoppte sofort alle Lieferungen an diesen Laden.

Wenn für Naturkost ein hoher Preis berechnet wird, bedeutet das, daß der Händler übermäßige Gewinne erzielt. Wenn außerdem Naturkost teuer ist, wird sie Luxus-Nahrung, die sich nur wenige Leute leisten können.

Wenn Naturkost weitgehend populär werden soll, so muß sie zu angemessenem Preis erhältlich sein. Wenn die Verbraucher sich nur der Vorstellung anpassen, daß niedrige Preise nicht bedeuten, daß die Nahrung nicht natürlich ist, dann beginnt jeder in der richtigen Richtung zu denken.

Die moderne Landwirtschaft wird versagen

Als das Konzept der modernen Landwirtschaft zuerst aufkam, widersetzte ich mich ihm. Kommerzielle Landwirtschaft ist in Japan für den Bauern nicht gewinnbringend. Normalerweise ist es im Handel die Regel, daß beim Verkauf eines Artikels, der ursprünglich einen bestimmten Betrag kostet und dann weiterverarbeitet wird, ein Betrag aufgeschlagen wird. In der japanischen Landwirtschaft geht es aber nicht so einfach zu. Dünger, Futter, Ausrüstung und Chemikalien werden zu im Ausland festgesetzten Preisen gekauft und es gibt keinen Bericht darüber, was die Produkte tatsächlich pro kg kosten, nachdem diese importierten Mittel benutzt wurden. Das bleibt allein den Händlern überlassen. Und durch die gleichfalls festgesetzten Verkaufspreise ist das Einkommen des Bauern von außen bestimmt.

Im allgemeinen ist kommerzielle Landwirtschaft ein unsicheres Geschäft. Dem Bauern würde es viel besser gehen, wenn er die nötige Nahrung anbaut, ohne über Geldverdienen nachzudenken. Wenn man ein Reiskorn pflanzt, wird es zu mehr als Tausend Körnern. Eine Reihe Rüben ergibt genug Pickles für den ganzen Winter. Folgt man diesen Gedanken, hat man genug zu essen, mehr als genug, ohne sich anzustrengen. Entscheidet man aber stattdessen, Geld zu machen, so besteigt man den Profit-Zug und er fährt mit einem fort.

Ich habe kürzlich über weiße Leghorns nachgedacht. Weil die veredelte Sorte des weißen Leghorns an über 200 Tagen im Jahr Eier legt, wird es als gutes Geschäft angesehen, sie zum Profit zu züchten. Bei kommerzieller Aufzucht werden diese Hühner in lange Reihen kleiner Käfige gesperrt, nicht unähnlich Zuchthauszellen, und den ganzen Tag dürfen ihre Füße nicht den Boden berühren. Krankheiten sind üblich und die Vögel werden voll Antibiotika gepumpt und werden mit einer Einheitsdiät aus Vitaminen und Hormonen ernährt.

Es heißt, daß die örtlichen Hühnersorten, die seit alten Zeiten gehalten wurden, die braunen und schwarzen *shamo* und *chabo*, nur die halbe Eier-Legekapazität besitzen. Als Resultat sind all diese Vögel aus Japan verschwunden. Ich ließ zwei Hennen und einen Hahn am Berghang frei herumlaufen und nach einem Jahr gab es 24 davon. Wenn es schien, daß sie wenig Eier legten, dann waren die Hennen doch fleißig, Küken aufzuziehen.

Im ersten Jahr hat das Leghorn eine höhere Leg-Leistung als die lokalen Hühner, aber nach einem Jahr ist das weiße Leghorn ausgepumpt und wird ausgesondert, während die *shamo*, mit denen wir begannen, zu 10 gesunden Vögeln geworden sind, die unter den Obstbäumen herumlaufen. Außerdem legen die weißen Leghorns gut, weil sie mit künstlich angereichertem Futter genährt werden, das aus fremden Ländern importiert wird und beim Händler gekauft werden muß. Die Vögel hier kratzen herum und ernähren sich von Samen und Insekten aus der Gegend und legen köstliche, natürliche Eier.

Wenn man denkt, kommerzielles Gemüse stamme aus der Natur, so irrt man. Dieses Gemüse besteht aus einem wässrigen chemischen Gebräu aus Stickstoff, Phosphor und Pottasche mit ein wenig Hilfe von dem Samen. Und genauso schmeckt es auch. Und kommerzielle Hühnereier (man mag sie Eier nennen, wenn man will) sind nichts als eine Mischung aus synthetischem Futter, Chemikalien und Hormonen. Das ist kein Produkt der Natur, sondern ein von Menschen gemachtes Kunstprodukt in Form eines Eis. Einen Bauern, der Gemüse und Eier dieser Art produziert, nenne ich Fabrikant.

Wenn man nun von dieser Produktion redet, muß man einige clevere Berechnungen anstellen, um Gewinn zu machen. Da der kommerzielle Bauer kein Geld verdient, ist er wie ein Händler, der nicht mit der Rechenmaschine umgehen kann. Diese Art von Burschen wird von anderen Leuten als Narr angesehen und seine Gewinne werden von Politikern und Verkäufern aufgesogen.

Vorbereitungen der Arbeiten des Tages.

In alten Zeiten gab es Krieger, Bauern, Handwerker und Händler. Landwirtschaft galt als der Quelle der Dinge näher stehend als Handel oder Handwerk und der Bauer galt als „der Mundschenk der Götter“. Er war immer fähig, irgendwie zurecht zu kommen und genug zu essen zu haben.

Aber nun gibt es all diese Aufregung über das Geld. Ultramoderne Produkte wie Trauben, Tomaten und Melonen werden angebaut. Blumen und Früchte werden außerhalb der Saison in Gewächshäusern angebaut. Fischzucht ist eingeführt worden und Vieh wird gezüchtet, weil die Gewinne hoch sind.

Dies zeigt klar, was geschieht, wenn landwirtschaftlicher Anbau an Bord der ökonomischen Berg- und Talbahn steigt. Die Veränderungen der Preise sind gewaltig. Es gibt Gewinne, es gibt aber genauso Verluste.

Fehlschläge sind unvermeidlich. Die japanische Landwirtschaft hat ihren Weg aus den Augen verloren und ist instabil geworden. Sie ist von den Grundprinzipien der Landwirtschaft abgewichen und ein Geschäft geworden.

Forschung zu wessen Nutzen?

Als ich anfangs mit Direktsaat von Reis und Wintergetreide begann, plante ich, mit einer Handsichel zu ernten, und so dachte ich, es wäre bequemer, die Samen in regelmäßigen Reihen auszubringen. Nach vielen Versuchen, als Amateur herumstümpernd, stellte ich ein handgemachtes Säwerkzeug her. Ich dachte, dieses Werkzeug könnte für die anderen Bauern von praktischem Nutzen sein und brachte es zu dem Mann in der Versuchsstation. Er sagte mir, da wir uns in einer Zeit von Maschinerie großen Maßstabs befänden, könnte er sich keine Gedanken um meine „Erfindung" machen.

Als nächstes ging ich zu einem Hersteller von landwirtschaftlichem Gerät. Dort wurde mir gesagt, daß solch eine simple Maschine, egal wie sehr man sich auch darum bemühen würde, nicht für 10 DM das Stück verkauft werden könne. „Würden wir ein Ding wie dieses machen, könnten die Bauern anfangen zu denken, sie bräuchten die Traktoren nicht, die wir für viel Geld verkaufen." Er sagte, daß heutzutage das Ziel ist, schnell Reis-Pflanzmaschinen zu entwickeln, sie Hals-über-Kopf so lange wie möglich zu verkaufen und dann etwas Neueres einzuführen. Anstelle von kleinen Traktoren wollten sie zu größeren Modellen übergehen und mein Vorschlag war demnach für sie ein Rückschritt. Um die Bedürfnisse der Zeit zu befriedigen, werden Ressourcen in die Förderung nutzloser Forschung gepumpt und bis zum heutigen Tag ist mein Patent in der Schublade liegen geblieben.

Mit Dünger und Chemikalien ist es das gleiche. Anstatt Dünger unter Berücksichtigung der Bauern zu entwickeln, liegt die Betonung auf der Produktion von etwas Neuem, von irgendetwas, um Geld zu machen. Nachdem die Techniker ihre Jobs in den Versuchsstationen aufgeben, gehen sie direkt zu den großen Chemiekonzernen.

Kürzlich sprach ich mit Herrn Asada, einem technischen Beamten im Ministerium für Landwirtschaft und Forsten, und er erzählte mir eine interessante Geschichte. Das in Gewächshäusern angebaute Gemüse ist extrem geschmacklos. Als er hörte, daß die Auberginen, die im Winter ausgeliefert werden, keine Vitamine und die Gurken keinen Geschmack haben, erforschte er die Sache und fand den Grund dafür: Bestimmte Sonnenstrahlen konnten die Kunststoff- und Glasüberdachungen, unter denen das Gemüse angebaut wurde, nicht durchdringen. Seine Entdeckung führte zum Beleuchtungssystem in den Gewächshäusern.

Die Grundfrage hier ist die, ob es für Menschen notwendig ist, Auberginen und Gurken während des Winters zu essen oder nicht. Aber diesen Punkt einmal ausgeklammert, ist der einzige Grund, warum sie während des Winters angebaut werden, der, daß sie dann zu einem guten Preis verkauft werden können. Jemand entwickelt eine Möglichkeit, um sie anzubauen, und nachdem einige Zeit vergangen ist, wird festgestellt, daß dieses Gemüse keinen Nährwert besitzt. Als nächstes meinen die Techniker, wenn die Nährstoffe verloren gehen, müsse ein Weg gefunden werden, um diesen Verlust zu mindern. Weil der Techniker die Beleuchtung für die Störung hält, beginnt er Lichtstrahlen zu erforschen. Er denkt, alles ist in Ordnung, wenn eine Gewächshaus-Aubergine mit Vitaminen darin produziert werden kann. Ich hörte von einigen Technikern, die ihr ganzes Leben dieser Art von Forschung widmen.

Da solch große Mühen und Geldmittel in die Produktion dieser Auberginen flossen und das Gemüse einen hohen Nährwert besitzen soll, wird es natürlich auch zu einem höheren Preis angeboten und gut verkauft. ,,Wenn es gewinnbringend ist und man es gut verkaufen kann, dann kann damit nichts falsch sein.‘‘

Egal, wie sehr die Leute sich bemühen, sie können auf natürliche Weise angebautes Obst und Gemüse nicht übertreffen. Auf unnatürliche Art angebaute Produkte befriedigen die flüchtigen Wünsche der Leute, schwächen aber den menschlichen Körper und verändern die Körperchemie, so daß er von solchen Nahrungsmitteln abhängig wird. Wenn dies geschieht, werden Ergänzungsmittel, Vitamine und Medizin notwendig. Diese Situation schafft nur Mühsal für den Bauern und Leiden für den Verbraucher.

Was ist Nahrung für den Menschen?

Neulich kam jemand vom Fernsehen vorbei und bat mich, etwas über den Geschmack natürlicher Lebensmittel zu sagen. Wir unterhielten uns und dann bat ich ihn, die Eier der Hennen von der Coop mit jenen der Hühner zu vergleichen, die frei im Obstgarten herumlaufen. Er stellte fest, das das Eigelb der Hühner, die in den typischen Hühner-Farmen eingesperrt werden, weich und wässrig und ihre Farbe blaßgelb war. Er bemerkte, daß das Eigelb der Eier von den Hühnern, die wild auf dem Berg lebten, fest und elastisch war und ein klares Orange als Farbe hatte. Als der alte Mann, der das *sushi*-Restaurant in der Stadt führt, eines dieser natürlichen Eier kostete, sagte er, daß das ein ,,richtiges Ei" sei, genauso wie in alten Zeiten, und er freute sich darüber, als ob es ein kostbarer Schatz wäre.

Zurück zum Mandarinen-Obstgarten. Dort gibt es viele verschiedene Gemüsesorten, die zwischen den Unkräutern und dem Klee wachsen. Rüben, Butzenklette, Gurken und Squash, Erdnüsse, Karotten, eßbare Chrysanthemen, Kartoffeln, Zwiebeln, Blattsenf, Kohl, verschiedene Sorten Bohnen und viele andere Kräuter und Gemüse wachsen alle zusammen. Die Unterhaltung kam zu der Frage, ob dieses Gemüse, das in halbwilder Weise angebaut wird, einen besseren Geschmack hätte als das im Hausgarten oder mit Hilfe chemischer Düngemittel auf den Feldern angebaute Gemüse. Als wir miteinander verglichen, war der Geschmack völlig unterschiedlich und wir entschieden, daß das ,,wilde" Gemüse einen volleren Geschmack besaß.

Ich sagte zu dem Reporter, daß Stickstoff und Kali zugesetzt werden, wenn Gemüse auf einem vorbereiteten Feld mit Hilfe chemischer Dünger angebaut wird. Wenn aber Gemüse mit natürlicher Bodenbedeckung und in einer Erde, die natürlicherweise reich an organischer Materie ist, angebaut wird, bekommt es eine ausgeglichenere Nährstoff-Zufuhr. Eine große Vielzahl von Unkräütern und Gräsern bedeutet, daß eine Vielzahl wesentlicher Nährstoffe und Mikro-Nährstoffe dem Gemüse verfügbar ist. Pflanzen, die in einer solch ausgewogenen Erde wachsen, haben einen besseren Geschmack.

Eßbare Kräuter und wildes Gemüse, Pflanzen, die am Berg und auf den

Wiesen wachsen, besitzen einen sehr hohen Nährwert und sind auch als Medizin wertvoll. Nahrung und Medizin sind keine unterschiedlichen Dinge: Sie sind die Vorder- und Rückseite einer Medaille. Chemisch angebautes Gemüse kann als Nahrung gegessen werden, nicht aber als Medizin dienen.

Wenn man die sieben Frühlingskräuter (Brunnenkresse, Hirtentäschel, wilde Rübe, Cottongras, Hühnergras, wilder Rettich und Bienennessel) sammelt und ißt, wird der Geist ruhig. Und wenn man Brombeer-Schößlinge, Osmund und Hirtentäschel ißt, wird man still. Um ruhelose, unruhige Gefühle zu vertreiben, ist Hirtentäschel das Beste von allem. Man sagt, wenn Kinder Hirtentäschel essen oder Weidenkätzchen oder in Bäumen lebende Insekten, wird das schwere Weinanfälle heilen und in alten Zeiten ließ man sie oft von Kindern essen. Daikon (japanischer Rettich) hat als seinen Vorfahren die Pflanze namens nazuna (Hirtentäschel) und dieses Wort nazuna ist verwandt mit dem Wort nagomu, was ,,gemildert werden'' bedeutet. Daikon ist das ,,Kraut, das mildert''.

Auf einem Stück Land mit Senf und wilden Rüben.

Auf der Suche nach wilden Nahrungsmitteln werden die Insekten oft übersehen. Während des Krieges, als ich im Forschungs-Center arbeitete, sollte ich untersuchen, welche südostasiatischen Insekten eßbar sind. Als ich mich daran machte, war ich überrascht, weil ich fand, daß fast jedes Insekt eßbar ist.

Niemand denkt daran, daß Läuse oder Flöhe nützlich sein könnten, aber Läuse, gemahlen und mit Wintergetreide gegessen, sind ein Heilmittel bei Epilepsie und Flöhe sind ein Medikament gegen Erfrierungen. Alle Insektenlarven sind einigermaßen eßbar, sie müssen aber lebendig sein. Als ich über den alten Texten saß, fand ich Geschichten über ,,Delikatessen" aus Maden vom Plumpsklo und der Geschmack der normalen Seidenraupe galt als unvergleichlich. Sogar Motten sind lecker, wenn man zuerst den Staub von ihren Flügeln abschüttelt.

Sowohl vom Standpunkt des Geschmacks als auch von der Gesundheit her gesehen sind daher viele Dinge, die die Leute als abstoßend empfinden, in Wirklichkeit recht wohlschmeckend und gut für den menschlichen Körper.

Gemüse, das biologisch gesehen seinen wilden Vorfahren am nächsten steht, ist im Geschmack das beste und im Nährwert das wertvollste. In der Lilien-Familie zum Beispiel (die *nira*, Knoblauch, China-Lauch, grüne Zwiebel, Perlzwiebel und Knollenzwiebel umfaßt) haben *nira* und China-Lauch den höchsten Nährwert, sind gut als Kräutermedizin und ebenso nützlich als Stärkungsmittel fürs allgemeine Wohlbefinden. Den meisten Leuten erscheinen jedoch die ,,gezähmten" Sorten wie grüne Zwiebel und Knollenzwiebel als die besten. Aus irgend einem Grund mögen moderne Menschen den Geschmack von Gemüse, das von seinen wilden Vorfahren stark abweicht.

Eine ähnliche Geschmacks-Vorliebe ist auch bei tierischen Nahrungsmitteln zu finden. Wilde Vögel sind viel bessere Nahrung als Hausgeflügel wie Hühner und Enten, und doch werden diese Vögel, in einer Umwelt fern ihrer natürlichen Herkunft aufgezogen, als schmackhaft betrachtet und zu hohen Preisen verkauft. Ziegenmilch hat einen höheren Nährwert als Kuhmilch, aber es ist die Kuhmilch, nach der größere Nachfrage besteht.

Nahrungsmittel, die weit von ihrem wilden Zustand abweichen und diejenigen, die chemisch oder in einer völlig künstlichen Umgebung angebaut sind, bringen die Körperchemie aus dem Gleichgewicht. Je mehr der Körper aus dem Gleichgewicht ist, desto höher wird das Verlangen nach unnatürlicher Nahrung. Diese Situation ist für die Gesundheit gefährlich.

Es ist eine Täuschung zu sagen, daß es bloß eine Sache des Geschmacks sei, was man ißt, denn eine unnatürliche oder exotische Ernährung schafft Mühsal für Bauern und Fischer. Mir scheint, je mehr Wünsche wir haben, desto mehr müssen wir arbeiten, um sie zu befriedigen. Einige Fischarten, wie der beliebte Thunfisch oder der Gelbschwanz, müssen in entfernten Gewässern gefangen werden, aber Sardine, Seebrasse, Flunder und andere kleine Fische können im Überfluß im Binnenmeer gefangen werden. Auf den Nährwert bezogen sind Tiere, die im Süßwasser leben, wie Karpfen, Teich-Schnecken, Flußkrebse, Sumpfkrabben und so weiter, besser für den Körper als Salzwasserfische. Danach kommen Brackwasserfisch und schließlich Fisch aus tiefem Salzwasser und aus fernen Meeren. Die Nahrungsmittel aus der Umgebung sind die besten für den Menschen und die Dinge, die er sich erkämpfen muß, erweisen sich als die am wenigsten zuträglichen.

Wenn man akzeptiert, was in der Nähe verfügbar ist, geht alles gut. Wenn die Bauern, die in diesem Dorf leben, nur die Nahrung essen, die hier angebaut oder gesammelt werden kann, gibt es keinen Fehler. Am Ende wird man es am einfachsten finden — wie die Gruppe junger Leute in den Hütten oben im Obstgarten — braunen Reis und unpolierte Gerste, Hirse und Buchweizen zu essen, zusammen mit Saison- und halbwilden Gemüsen. Das ist die beste Nahrung. Sie hat Geschmack und ist gut für den Körper.

Wenn 600 kg Reis und 600 kg Wintergetreide von 1000 qm Feld wie diesem geerntet werden, dann ernährt das Feld 5 bis 10 Leute, von denen jeder im Durchschnitt weniger als 1 Stunde Arbeit am Tag investiert. Falls aber das Feld zu Weideland gemacht oder das Getreide an Vieh verfüttert würde, könnte nur noch eine Person pro 1000 qm ernährt werden. Fleisch ist eine Luxusware, wenn seine Produktion Land erfordert, das direkte Nahrung für den menschlichen Verbrauch liefern könnte. (Obwohl das meiste Fleisch in Nordamerika durch Verfütterung von Feldfrüchten wie Weizen, Gerste, Mais und Sojabohnen an Tiere produziert wird, gibt es auch große Landflächen, die am besten genutzt sind, wenn sie Weideland oder Wiesen sind. In Japan existiert fast kein solches Land. Fast alles Fleisch muß importiert werden.)

Das wurde klar und eindeutig bewiesen. Jeder Mensch sollte ernsthaft darüber nachdenken, wieviel Mühsal er verursacht, wenn er solch teuer produzierte Nahrungsmittel ißt.

Fleisch und andere importierte Nahrungsmittel sind Luxus, weil sie mehr Energie und Rohstoffe erfordern als die traditionellen Gemüse und Getreide, die an Ort und Stelle produziert werden. Daraus folgt, daß Leute, die sich auf eine einfache lokale Ernährung beschränken, weniger arbeiten müssen und weniger Land verbrauchen, als die anderen mit Appetit auf Delikatessen.

Wenn die Leute damit fortfahren, Fleisch und importierte Nahrungsmittel zu essen, ist Japan innerhalb der nächsten 10 Jahre eine Nahrungsmittel-Krise sicher. Innerhalb von 30 Jahren wird es starke Verknappung geben. Die absurde Idee ist von irgendwo aufgekommen, daß ein Wechsel vom Reisessen zum Brotessen eine Besserung im täglichen Leben japanischer Menschen anzeigt. Dies ist wirklich nicht der Fall. Brauner Reis und Gemüse mögen als gewöhnliche Speisen erscheinen, aber sie sind ernährungsmäßig die beste Diät und ermöglichen den Menschen einfach und unmittelbar zu leben.

Falls wir eine Nahrungskrise bekommen, wird ihre Ursache nicht die Unzulänglichkeit der Produktivkraft der Natur sein, sondern die Zügellosigkeit menschlichen Verlangens.

Ein gnädiger Tod für Gerste

Vor 40 Jahren wurde als Resultat wachsender politischer Feindseligkeit zwischen den USA und Japan der Weizenimport aus den USA unmöglich. Im ganzen Land wurde der eigene Anbau von Weizen gefordert. Die gesäten amerikanischen Weizensorten erforderten eine lange Wachstumsperiode und das Korn reifte in der Mitte von Japans Regenzeit. Obwohl die Bauern solch große Mühen auf sich genommen hatten, um das Getreide anzubauen, verrottete es oft noch während der Ernte. Die Sorten erwiesen sich als sehr unzuverlässig und für Krankheit stark empfänglich, daher wollten die Bauern keinen Weizen anbauen. In traditioneller Weise gemahlen und geröstet war der Geschmack so furchtbar, daß man fast würgen und ihn ausspucken mußte.

Die traditionellen japanischen Roggen- und Gerstensorten können im Mai geerntet werden, vor der Regenzeit. Daher ergeben sie vergleichsweise sichere Ernten. Den Bauern wurde trotzdem der Weizenanbau aufgenötigt. Jeder lachte und sagte, es gäbe nichts Schlimmeres, als Weizen anzubauen, aber folgte geduldig der Regierungs-Politik.

Nach dem Krieg wurde amerikanischer Weizen wieder in großen Mengen importiert, was fallende Preise für in Japan angebauten Weizen brachte. Das kam zu den vielen anderen Gründen, den Weizenanbau aufzugeben. „Gebt Weizen auf, gebt Weizen auf!" war der landesweit von den Landwirtschaftsführern der Regierung propagierte Wahlspruch und die Bauern gaben ihn froh auf. Zur gleichen Zeit ermutigte die Regierung die Bauern, wegen des niedrigen Preises von importiertem Weizen den Anbau der traditionellen Wintergetreide Roggen und Gerste zu stoppen. Diese Politik wurde durchgeführt und Japans Felder lagen während des Winters brach.

Vor 10 Jahren sollte ich die Präfektur Ehime im Wettbewerb für den „herausragenden Bauern des Jahres" repräsentieren. Bei dieser Gelegenheit wurde ich von einem Mitglied der Jury gefragt: „Herr Fukuoka, warum geben Sie nicht den Roggen- und Gerstenanbau auf?" Ich antwortete: „Roggen und Gerste sind leicht anzubauende Feldfrüchte und wenn wir sie in Aufeinanderfolge mit Reis pflanzen, können wir die höchste Kalorienzahl pro qm Feld produzieren. Darum gebe ich sie nicht auf."

Es war klar, daß niemand, der hartnäckig gegen den Willen des

Landwirtschafts-Ministerium angeht, ,,herausragender Bauer" werden könnte, und ich sagte dann: ,,Wenn man so den Preis nicht bekommen kann, geht es mir ohne ihn besser." Eines der Mitglieder der Prüfungskommission sagte später zu mir: ,,Falls ich die Universität verlassen und selbst mit Ackerbau beginnen würde, ich würde es wahrscheinlich wie Sie machen und Reis im Sommer anbauen und Gerste und Roggen im Winter, in jedem Jahr, wie vor dem Krieg."

Kurz nach dieser Episode trat ich im NHK-Fernsehprogramm in einer Podiumsdiskussion mit mehreren Professoren auf und ich wurde wieder gefragt: ,,Warum geben Sie den Roggen- und Gerstenanbau nicht auf?" Ich erklärte wieder einmal sehr klar, daß es dafür ein Dutzend guter Gründe gäbe. Zu dieser Zeit rief der Slogan für die Aufgabe von Wintergetreide nach einem ,,Gnadentod". Das hieß, der Wintergetreide-Anbau in Folge mit Reis sollte möglichst ruhig verschwinden. Aber ,,gnädiger Tod" ist ein zahmer Begriff. Das Landwirtschafts-Ministerium wollte in Wirklichkeit den Anbau ausmerzen. Als mir klar wurde, daß das Hauptziel des Programms war, ein schnelles Ende des Wintergetreide-Anbaus zu fördern, man könnte sagen, ,,tot am Straßenrand liegen zu lassen", war ich entrüstet.

Vor 40 Jahren hieß es, Weizen, ausländisches Getreide, anzubauen. Ein nutzloses und unmögliches Korn. Dann hieß es, die japanischen Roggen- und Gerstensorten hätten keinen so hohen Nährwert wie amerikanisches Getreide und die Bauern gaben mit Bedauern den Anbau dieser traditionellen Getreide auf. Als der Lebensstandard sprunghaft anstieg, war die Parole, Fleisch, Eier zu essen, Milch zu trinken und vom Reis zum Brot überzugehen. Mais, Soja-

bohnen und Weizen wurden in immer größeren Mengen importiert. Amerikanischer Weizen war billiger, so wurde der Anbau von einheimischem Roggen und Gerste aufgegeben. Die japanische Landwirtschaft übernahm Techniken, die die Bauern dazu trieben, Teilzeit-Arbeit in der Stadt anzunehmen, so daß sie die Produkte kaufen konnten, die sie selbst nicht anbauen sollten.

Und nun hat sich durch drohenden Mangel an Nahrungsquellen alles wieder verändert. Selbstversorgung mit Roggen und Gerste wird propagiert. Es heißt, es wird sogar Subventionen geben. Aber es ist nicht genug, Wintergetreide einige Jahre lang anzubauen und dann wieder aufzugeben. Weil das Landwirtschafts-Ministerium keine klare Vorstellungen davon hat, was überhaupt angebaut werden sollte und den Zusammenhang zwischen Anbau und der Ernährung des Volkes nicht versteht, bleibt eine konsequente Landwirtschaftspolitik eine Unmöglichkeit.

Wenn die Bürokraten in die Berge und zu den Wassern gingen, die 7 Frühlingskräuter sowie die 7 Herbstkräuter (Chinesische Glockenblume, Pfeilwurzel (*kudzu*), Eupatorium perfoliatum, *valerianacea*, Buschklee, wilde Fransennelke und japanisches Pampasgras) sammeln und kosten würden, dann würden sie lernen, was die Quelle menschlicher Nahrung ist. Würden sie weiter forschen, könnten sie erkennen, daß man sehr gut von traditionellen einheimischen Ackerfrüchten wie Reis, Gerste, Roggen, Buchweizen und Gemüse leben kann. Schnell wüßten sie, daß das alles ist, was die japanische Landwirtschaft anzubauen braucht. Und dann würde der Ackerbau sehr leicht.

Bis heute ist die Ansicht moderner Ökonomen, daß eine kleine, selbstversorgende Landwirtschaft falsch ist, daß dies eine primitive Form des Ackerbaus ist, eine, die so schnell wie möglich eliminiert werden sollte. Es heißt, daß jedes Feld größer werden soll, um den Übergang zu amerikanischer Landwirtschaft großen Stils zu ermöglichen. Diese Denkweise trifft nicht nur auf die Landwirtschaft zu — Entwicklungen in allen Bereichen gehen in diese Richtung.

Das Ziel ist, nur wenige Leute in der Landwirtschaft zu beschäftigen. Die landwirtschaftlichen Autoritäten sagen, daß weniger Leute, die große, moderne Maschinen benutzen, höhere Erträge auf der gleichen Landfläche erzielen können. Das wird landwirtschaftlicher Fortschritt genannt. Nach dem Kriege waren 70 bis 80 % der Japaner Bauern. Das verringerte sich schnell auf 50, auf 30, und 20 % und heute sind es etwa 14 %. Es ist die Absicht des Landwirtschafts-Ministeriums, das gleiche Niveau wie in Europa und Amerika zu erreichen, wo weniger als 10 % des Volkes Bauern sind und der Rest abgeschreckt wird.

Meiner Meinung nach wäre es ideal, wenn alle Menschen Bauern wären. Es gibt nur gerade 1000 qm Ackerland für jede Person in Japan. Würden jeder einzelnen Person 1000 qm Land gegeben, das ist ein halber Hektar für eine fünfköpfige Familie, wäre das mehr als genug Land, um die Familie das ganze Jahr über zu ernähren. Würde natürlicher Ackerbau praktiziert, hätte ein Bauer auch eine Menge Muße und Zeit für soziale Aktivitäten innerhalb der Dorfgemeinschaft. Ich meine, das ist der beste Weg, um dieses Land zu einem glücklichen, angenehmen Land zu machen.

Nur der Natur dienen und alles ist gut

Übergroßes Verlangen ist die Ursache für die gegenwärtige schlimme Lage der Welt.

Eher schnell als langsam, eher mehr als weniger — so ist diese blendende „Entwicklung" direkt mit dem drohenden Kollaps der Gesellschaft verbunden. Sie hat zur Trennung des Menschen von der Natur geführt. Die Menschheit muß aufhören, dem Verlangen nach materiellen Besitztümern und persönlichen Vorteilen zu frönen und sich stattdessen auf spirituelle Bewußtheit zubewegen.

Die Landwirtschaft muß von großen mechanischen Betrieben zu kleinen Höfen übergehen, die nur dem Leben selbst dienen. Materielles Leben und Ernährung sollten einen schlichten Platz erhalten. Wenn dies getan wird, wird Arbeit angenehm und reichlich spiritueller Raum vorhanden sein.

Je mehr der Bauer seinen Betrieb vergrößert, desto mehr trennen sich Körper und Geist und desto mehr entfernt er sich von einem spirituell befriedigendem Leben. Ein Leben mit kleinflächigem Ackerbau mag primitiv erscheinen, aber wenn man solch ein Leben führt, wird es möglich, den Großen Weg (der den Pfad spiritueller Bewußtheit, der Aufmerksamkeit und Sorgfalt für die gewöhnlichen Aktivitäten des täglichen Lebens umfaßt) zu verinnerlichen. Ich glaube, wenn jemand die eigene Nachbarschaft und die alltägliche Welt, in der er lebt, versucht zu ergründen, wird die höchste aller Welten sich offenbaren.

Das Ende des Jahres (Januar, Februar, März) verbrachte der 1000-qm-Bauer in früheren Zeiten mit Kaninchenjagd in den Bergen. Wenn er auch ein armer Bauer war, hatte er doch diese Freiheit. Die Neujahrs-Ferien dauerten etwa drei Monate. Allmählich wurde dieser Urlaub auf zwei Monate, einen Monat beschnitten und heute ist Neujahr drei Feiertage.

Das Verschwinden des Neujahrs-Urlaubs zeigt an, wie beschäftigt der Bauer geworden ist und wie er sein schlichtes körperliches und geistiges Wohlergehen verloren hat. In der modernen Landwirtschaft gibt es für den Bauern keine Zeit, ein Gedicht zu schreiben oder ein Lied zu komponieren.

Eines Tages, als ich den kleinen Dorfaltar säuberte, bemerkte ich über rascht, daß dort einige Handschriften an der Wand hingen. Ich wischte den Staub ab und betrachtete die verblaßten Buchstaben und konnte Dutzende von *haiku*-Gedichten entziffern. Sogar in einem kleinen Dorf wie diesem hatten 20 oder 30 Leute *haikus* gedichtet und sie als Geschenke dargeboten. Soviel Freiraum hatten die Menschen in alten Zeiten. Einige der Verse müssen mehrere hundert Jahre alt gewesen sein. Da sie so alt waren, mußten es wohl arme Bauern gewesen sein, die dennoch genug Freizeit hatten, um einen *haiku* zu schreiben.

Heute gibt es niemand in diesem Dorf mit genügend Zeit zum Dichten. Während der kalten Wintermonate können nur ein paar Dörfler die Zeit finden, sich für ein oder zwei Tage zur Kaninchenjagd fortzuschleichen. Die Mußestunden schluckt heute das Fernsehen und es gibt keine Zeit für den einfachen Zeitvertreib, der Reichtum in das tägliche Leben des Bauern gebracht hatte. Das meine ich, wenn ich sage, daß die Landwirtschaft spirituell arm und schwach geworden ist. Sie befaßt sich nur mit materieller Entwicklung.

Lao Tzu, der taotische Weise, sagt, daß ein heiliges und bescheidenes Leben in einem kleinen Dorf geführt werden kann. Bodhidharma, der Begründer des Zen, verbrachte neun Jahre in einer Höhle, ohne Aufsehen zu erregen. Die Sorge um Geldverdienen, um Expansion, Entwicklung, Anbau von Marktfrüchten und ihre Auslieferung, ist nicht der Weg des Bauern. Hier zu sein, für ein kleines Feld zu sorgen, in voller Freiheit und mit dem Überfluss von jedem Tag — das muß der ursprüngliche Weg der Landwirtschaft gewesen sein.

In der modernen Landwirtschaft gibt es für einen Bauern keine Zeit, um ein Gedicht zu schreiben oder ein Lied zu komponieren.

Erfahrungen zu halbieren, die eine Seite körperlich und die andere geistig zu nennen, ist einengend und verwirrend. Menschen leben nicht in Abhängigkeit von Nahrung. Wir können nie wissen, was Nahrung ist. Es wäre besser, die Leute hörten auf, über Nahrung nachzudenken und sich selbst mit der Suche nach der ,,wahren Bedeutung des Lebens" zu quälen. Wir können die Antwort auf große spirituelle Fragen niemals erkennen, *aber es ist richtig, etwas nicht zu verstehen*. Wir sind geboren worden und leben auf der Erde, um die Realität des Lebens direkt zu erfahren.

Leben ist mehr als das Ergebnis von ,,geboren werden". Was immer die Leute essen, um am Leben zu bleiben, und was immer sie meinen essen zu müssen, um zu leben, haben sie sich ausgedacht. Auf dieser Welt muß niemand verhungern, wenn wir unseren menschlichen Willen aufgeben und uns stattdessen von der Natur führen lassen.

Hier und jetzt zu leben, das ist die wahre Grundlage des menschlichen Lebens. Wenn ein naives wissenschaftliches Wissen zur Lebensgrundlage wird, lernen die Leute zu leben, als ob sie nur von Stärke, Fetten und Proteinen und Pflanzen nur von Stickstoff, Phosphor und Pottasche abhängig sind.

Und die Wissenschaftler — gleich wie sehr sie die Natur untersuchen, gleich wie weit sie forschen — müssen am Ende nur erkennen, wie perfekt und geheimnisvoll die Natur wirklich ist. Zu glauben, daß durch Forschung und Erfindung die Menschheit die Natur verbessern kann, ist eine Illusion. Ich denke, die Menschen kämpfen, um das zu erkennen, was man die umfassende Unbegreiflichkeit der Natur nennen mag.

Für den Bauern und seine Arbeit: Diene der Natur und alles ist gut. Ackerbau war eine heilige Aufgabe. Als die Menschheit von diesem Ideal abging, entstand die moderne kommerzielle Landwirtschaft. Als der Bauer Feldfrüchte anzubauen begann, um Geld zu verdienen, vergaß er die wahren Prinzipien der Landwirtschaft.

Natürlich hat der Händler in der Gesellschaft seine Aufgabe, aber die Verherrlichung des Handels führt dazu, die Menschen von der Erkenntnis der wahren Quellen des Lebens zu entfernen. Der Ackerbau als eine Beschäftigung mit der Natur ist diesen Quellen sehr nahe. Viele Bauern sind sich der Natur nicht bewußt, sogar wenn sie in ihr leben und arbeiten, aber mir scheint, daß Ackerbau viele Möglichkeiten zu größerer Bewußtheit anbietet.

,,Ob der Herbst Wind oder Regen bringt, kann ich nicht wissen, aber heute arbeite ich auf den Feldern." Das sind die Worte eines alten Heimatliedes. Sie drücken die Wahrheit des Ackerbaus als einer Lebensweise aus. Egal, wie die Ernte wird, ob es genug zu essen gibt oder nicht, in der einfachen Aussaat und der Sorge um die Pflanzen unter Führung der Natur, darin liegt Freude.

Verschiedene Schulen des natürlichen Ackerbaus

Das Wort ,,Arbeit" mag ich nicht besonders gern. Menschen sind die einzigen Tiere, die arbeiten müssen, und das ist für mich lächerlich. Andere Tiere ,,verdienen" ihren Unterhalt durch ihr Leben, aber die Menschen arbeiten wie verrückt und denken, daß sie es müssen, um zu überleben. Je schwieriger die Arbeit, je stärker die Herausforderung, umso wundervoller ist es, meinen sie. Es wäre gut, diese Denkweise aufzugeben und ein leichtes, bequemes Leben mit viel freier Zeit zu führen. Ich denke, daß die Lebensweise von Tieren in den Tropen, am Morgen und am Abend hinaustreten und nachsehen, ob es etwas zu essen gibt, und am Nachmittag ein langes Schläfchen zu halten, ein wunderbares Leben ist.

Für menschliche Wesen wäre ein Leben von solcher Einfachheit möglich, wenn man arbeiten würde, um direkt für seine täglichen Bedürfnisse zu produzieren. In solch einem Leben ist Arbeit keine Arbeit, wie die Leute es im allgemeinen sehen, sondern einfach das tun, was nötig ist.

Die Dinge in diese Richtung lenken ist mein Ziel. Es ist auch das Ziel der sieben oder acht jungen Leute, die gemeinsam in den Hütten am Berg leben und bei der Feldarbeit aushelfen. Diese jungen Leute möchten Bauern werden, neue Dörfer und Gemeinschaften errichten und diese Art von Leben versuchen. Sie kommen zu meinem Hof, um Ackerbau zu erlernen, der zur Durchführung dieses Plans nötig ist.

Schaut man sich im Lande um, kann man bemerken, daß in jüngster Zeit einige Kommunen entstanden sind. Wenn sie Hippie-Gruppen genannt werden, nun, ich denke, sie können auch so gesehen werden. Aber im Zusammenleben und -Arbeiten, in ihrer Suche nach dem Weg zurück zur Natur, sind sie das Modell des ,,neuen Bauern". Sie verstehen, daß verwurzelt sein bedeutet, von den Erträgen des eigenen Landes zu leben. Eine Gemeinschaft, die es nicht schafft, für ihre eigene Nahrung zu sorgen, ist nicht von langer Dauer.

Viele dieser jungen Leute reisen nach Indien oder zum Ghandi-Dorf nach Frankreich, verbringen Zeit in einem Kibbuz in Israel oder besuchen Kommunen in den Bergen und Wüsten des amerikanischen Westens. Es gibt solche wie die Gruppe auf Suwanose in der Tokara-Inselkette von Südjapan, wo neue Formen des Familienlebens und Erfahrungen der Nähe im Stammesleben versucht werden. Ich glaube, daß die Bewegung dieser Handvoll Leute den Weg in eine bessere Zeit aufzeigt. Unter diesen Menschen faßt heute natürlicher Ackerbau schnell Fuß und bekommt Triebkraft.

Zusätzlich haben verschiedene religiöse Gruppen mit natürlichem Ackerbau begonnen. Um die wahre Natur des Menschen zu suchen, egal wie man es anfängt, muß man mit der Gesundheit beginnen. Der Pfad, der zu Bewußtheit führt, umfaßt tägliches redliches Leben und den Anbau und das Essen von vollwertiger natürlicher Nahrung. Daraus folgt, daß natürlicher Ackerbau für viele Leute der beste Anfang ist.

Ich selbst gehöre zu keiner religiösen Gruppe und diskutiere meine Ansichten freimütig mit jedem. Ich kümmere mich nicht viel um Unterschiede zwischen Christentum, Buddhismus, Shinto und den anderen Religionen, es erregt aber meine Neugierde, daß Leute mit tiefer religiöser Überzeugung von meinem Hof angezogen werden. Ich glaube, das geschieht, weil natürlicher Ackerbau, anders als andere Anbaumethoden, auf einer Philosophie basiert, die mehr ist als die Berücksichtigung von Bodenanalyse, pH-Wert und Ernteerträgen.

Vor einiger Zeit kletterte jemand vom Pariser Zentrum für organischen Gartenbau den Berg hinauf und wir verbrachten den Tag mit Gesprächen. Als ich von ihm Neuigkeiten hörte, erfuhr ich, daß sie auf internationaler Ebene eine Konferenz über organischen Gartenbau planten und dieser Franzose besuchte, als Vorbereitung auf die Versammlung, organische und natürliche Bauernhöfe auf der ganzen Welt. Ich führte ihn im Obstgarten herum und dann setzten wir uns zu einer Tasse Beifußtee nieder und diskutierten einige meiner Beobachtungen während der vergangenen 30 Jahre.

Zuerst sagte ich, wenn man die Prinzipien des im Westen populären organischen Ackerbaus betrachtet, erkennt man, daß sie kaum von jenen der traditionellen orientalischen Landwirtschaft abweichen, die in China, Korea und Japan viele Jahrhunderte lang praktiziert wurden. Alle japanischen Bauern bauten während der Meiji- und Taisho-Ära (1868-1926) auf ähnliche Art an — und das noch bis zum Ende des zweiten Weltkrieges.

Es war ein System, das die fundamentale Notwendigkeit von Kompost und der Aufbereitung menschlicher und tierischer Abfälle unterstrich. Die Form der Durchführung war intensiv und umfaßte solche Techniken wie Fruchtwechsel, Misch-/Begleit-Pflanzung und die Verwendung von Gründüngung. Da der Raum begrenzt war, wurden niemals Felder ohne Pflege gelassen und die Pflanz- und Ernteplāne wurden genau eingehalten. Alle organischen Rückstände wurden zu Kompost verarbeitet und den Feldern zurückgegeben. Die Verwendung von Kompost wurde offiziell unterstützt und die landwirtschaftliche Forschung war hauptsächlich mit organischer Materie und Kompostierungstechniken befaßt.

So vereinigte die Hauptströmung japanischen Ackerbaus bis hinein in moderne Zeiten Tiere, Pflanzen und Menschen zu einem Körper. Man könnte sagen, daß organischer Ackerbau, wie er im Westen praktiziert wird, als Ausgangspunkt diese traditionelle Landwirtschaft des Orients genommen hat.

Ich sagte weiterhin, daß unter den natürlichen Ackerbaumethoden zwei Formen unterschieden werden könnten: breiter, transzendenter natürlicher Anbau und der enge natürliche Anbau der relativen Welt. (Das ist die Welt, wie sie vom Intellekt verstanden wird.) Wollte ich darüber in buddhistischen Begriffen sprechen, könnten die beiden Mahayana- und Hinayana-natürlicher Anbau genannt werden.

Breiter Mahayana-Anbau entsteht von selbst, wenn zwischen Mensch und Natur eine Einheit existiert. Er paßt sich der Natur an, wie sie ist, und dem Verstand, wie er ist. Er geht aus der Überzeugung hervor, daß, wenn das Individuum zeitweilig seinen Willen aufgibt und sich selbst erlaubt, von der Natur geführt zu werden, die Natur antwortet, indem sie für alles sorgt. Eine einfache Analogie: Im transzendenten natürlichen Ackerbau kann die Beziehung zwischen Menschheit und Natur verglichen werden mit der perfekten Ehe zwischen einem Mann und einer Frau. Die Ehe wird nicht gegeben, nicht empfangen. Das perfekte Paar gelangt zur Existenz durch sich selbst.

Enger natürlicher Ackerbau *erstrebt* auf der anderen Seite den Weg der Natur. Er *versucht* bewußt durch „organische" oder andere Methoden der Natur zu folgen. Ackerbau wird benutzt, um ein gegebenes Ziel zu erreichen. Obwohl die Natur aufrichtig geliebt und ernsthaft umworben wird, ist die Beziehung nur ein Versuchen. Moderner industrieller Ackerbau begehrt die Weisheit des Himmels, ohne seine Bedeutung zu begreifen, und möchte gleichzeitig Nutzen aus der Natur ziehen. In seiner ruhelosen Suche ist er unfähig, irgendetwas zu finden, auf das er sich beziehen kann.

Die enge Auffassung des natürlichen Ackerbaus sagt, daß es gut für den Bauern ist, der Erde organisches Material zu geben und Tiere zu halten, und daß das der beste und wirksamste Weg ist, die Natur zu nutzen. Für die persönliche Praxis ist das in Ordnung, aber dadurch allein kann der Geist des wahren natürlichen Ackerbaus nicht lebendig gehalten werden. Diese Art des engen natürlichen Ackerbaus ist der Schule des Schwertkampfes ähnlich, bekannt als die Schule des einen Schlages, die den Sieg durch geschickte, jedoch ich-bewußte Anwendung von Technik sucht. Moderner industrieller Ackerbau folgt der Schule der zwei Schläge, die daran glaubt, daß der Sieg durch Austeilen der größten Zahl von Schwertschlägen errungen werden kann.

Im Gegensatz dazu ist reiner natürlicher Ackerbau die Kein-Schlag-Schule. Sie geht nirgendwohin und sucht keinen Sieg. ,,Nicht-Tun" in die Praxis umzusetzen ist die eine Sache, die zu vollenden der Bauer sich bemühen sollte. Lao Tzu sprach von nicht-aktiver Natur, und ich glaube, wäre er ein Bauer, würde er sicher natürlichen Anbau praktizieren. Ich glaube, daß Ghandis Weg, eine unmethodische Methode, die in einem nicht-siegenden, nicht-widersetzenden Geisteszustand handelt, dem natürlichen Ackerbau verwandt ist. Wer versteht, daß man Freude und Glück im Versuch, sie zu besitzen, verliert, der versteht die Essenz des natürlichen Ackerbaus. Das letzte Ziel des Landbaus ist nicht der Anbau von Pflanzen, sondern die Kultivierung und Perfektion von menschlichen Wesen. (In diesem Abschnitt redet Fukuoka vom Unterschied zwischen Techniken, die in bewußter Verfolgung eines gegebenen Zieles verwendet werden und solchen, die spontan als Ausdruck der Harmonie einer Person mit der Natur entstehen, während sie ihren täglichen Geschäften nachgeht, frei von der Beherrschung des wollenden Intellekts.)

IV

Verwirrung über Nahrung

Ein junger Mann, der drei Jahre in einer der Hütten am Berg gelebt hatte, sagte eines Tages: ,,Wissen Sie, wenn Leute ‚Naturkost' sagen, weiß ich nicht mehr, was sie damit meinen.''

Denkt man darüber nach, so ist jeder mit dem Wort ,,Naturkost'' vertraut, aber wer versteht, was natürliche Nahrung wirklich ist? Es gibt viele, die meinen, daß Nahrung ohne künstliche Chemikalien oder Zusatzstoffe eine natürliche Ernährung ist und es gibt andere, die vage denken, daß eine natürliche Ernährung nur solche Nahrungsmittel umfaßt, wie sie auch in der Natur vorkommen.

Fragt man, ob der Gebrauch von Feuer und Salz beim Kochen natürlich oder unnatürlich ist, so kann man beides bejahen. Wenn die Ernährung der Völker primitiver Zeiten, die Pflanzen und Tiere wild aßen, ,,natürlich'' ist, dann kann eine Ernährung, die Salz und Feuer benutzt, nicht natürlich genannt werden. Aber wenn eingewendet wird, daß das in alten Zeiten erlangte Wissen über den Gebrauch von Salz und Feuer die natürliche Bestimmung der Menschheit war, dann ist demgemäß zubereitete Nahrung auch natürlich. Ist Nahrung gut, bei der menschliche Techniken der Zubereitung angewandt sind oder sollten wilde Nahrungsmittel, genau wie sie in der Natur vorkommen, als gut betrachtet werden? Können kultivierte Pflanzen als natürlich gelten? Wo will man die Grenze zwischen natürlich und unnatürlich ziehen?

Man kann sagen, daß der Begriff ,,natürliche Ernährung'' in Japan durch die Lehren von Sagen Ishizuka in der Meiji Ära entstand. Seine Theorie wurde später von George Ohsawa und Niki verfeinert und vollendet. Der Pfad der Ernährung, im Westen als Makrobiotik bekannt, basiert auf der Theorie der Nicht-Dualität und der Yin-Yang-Konzepte des I Ging. Da hiermit gewöhnlich eine Ernährung mit braunem Reis gemeint ist, denkt man allgemein von ,,natürlicher Ernährung'' als Vollkorn- und Gemüse-Kost. Naturkost kann jedoch nicht so einfach als Brauner-Reis-Vegetarismus umrissen werden.

Also was ist es?

Der Grund für die Verwirrung ist der, daß es zwei Wege menschlichen Wissens gibt — unterscheidend und nicht-unterscheidend. * Die Leute glauben im allgemeinen, daß unmißverständliche Erkenntnis der Welt allein durch Unterscheidungen möglich ist. Daher bezeichnet das Wort ,,Natur" im allgemeinen Gebrauch der Natur, wie sie vom unterscheidenden Intellekt wahrgenommen wird.

Ich verneine das leere Abbild der Natur, wie es der menschliche Intellekt erzeugt, und trenne es deutlich von der Natur selbst, wie sie vom nicht-unterscheidenden Verständnis erfahren wird. Wenn wir die falsche Vorstellung von der Natur ausradieren, dann glaube ich, verschwindet die Wurzel der Unruhe in der Welt.

Im Westen entwickelte sich die Naturwissenschaft aus unterscheidendem Wissen, im Osten entwickelte sich die Philosophie von Yin-Yang und I Ging aus dem gleichen Ursprung. Aber wissenschaftliche Wahrheit kann niemals absolute Wahrheit erreichen und letztlich sind Philosophien nicht mehr als Interpretationen der Welt. Natur, wie sie vom wissenschaftlichen Wissen erfaßt wird, ist eine Natur, die zerstört worden ist, sie ist ein Geist mit einem Skelett, aber ohne Seele. Natur, wie sie vom philosophischen Wissen begriffen wird, ist eine Theorie aus menschlicher Spekulation erschaffen, ein Geist mit einer Seele, aber ohne Struktur.

Es gibt keine Möglichkeit, wie nicht-unterscheidendes Wissen erkannt werden kann, außer durch direkte Einsicht, aber die Menschen versuchen es in einen vertrauten Rahmen zu pressen, indem sie es ,,Instinkt" nennen. Tatsächlich ist es ein Wissen aus einer unnennbaren Quelle. Man muß den unterscheidenden Verstand aufgeben und die Welt der Realität transzendieren, wenn man die wahre Erscheinung der Natur kennen will. Vom Anfang an gibt es keinen Osten oder Westen, keine vier Jahreszeiten und kein Yin oder Yang.

Als ich bis hier gekommen war, fragte der Jugendliche: ,,Verneinen Sie nicht nur die Naturwissenschaft, sondern auch die orientalischen Philosophien auf der Grundlage von Yin-Yang und dem I Ging?"

Als zeitweilige Mittel oder als Richtungszeichen können sie als wertvoll an-

* Das ist ein Unterschied, den viele orientalische Philosophen machen. Unterscheidendes Wissen stammt vom analytischen Intellekt aus dem Versuch, Erfahrung in einen logischen Rahmen zu bringen. Fukuoka glaubt, daß durch diesen Prozeß das Individuum sich selbst von der Natur entfernt. Es ist ,,begrenzte wissenschaftliche Wahrheit und Urteil", wie im entsprechenden Kapitel diskutiert wird.

Nicht-unterscheidendes Wissen entsteht ohne bewußte Anstrengung seitens des Individuums, wenn Erfahrung akzeptiert wird wie sie ist, ohne Interpretation durch den Intellekt.

Obwohl unterscheidendes Wissen zur Analyse praktischer Probleme in der Welt wesentlich ist, glaubt Fukuoka, daß das letztendlich eine zu enge Perspektive liefert.

erkannt werden, sagte ich, sie sollten aber nicht als höchste Errungenschaften betrachtet werden. Wissenschaftliche Wahrheiten und Philosophien sind Konzepte der relativen Welt und dort bewahrheiten sie sich und ihr Wert wird anerkannt. Für moderne Leute zum Beispiel, die in der relativen Welt leben, die Ordnung der Natur zerstören und ihren eigenen Körper und Geist zum Zusammenbruch bringen, kann das Yin-Yang-System als passender und wirksamer Wegweiser zur Wiederherstellung der Ordnung dienen.

Solche Wege können nützliche Theorien sein, um Leuten zu helfen, eine vernünftige Ernährung zu erlangen, bis eine wahre natürliche Ernährung erreicht wird. Erkennt man aber, daß das letztendliche Ziel die Transzendierung der relativen Welt ist, um im Reich der Freiheit zu spielen, dann ist es unglücklich, sich weiter einer Theorie verhaftet abzurackern. Wenn das Individuum fähig ist, eine Welt zu betreten, wo die beiden Aspekte von Yin und Yang zu ihrer ursprünglichen Einheit zurückkehren, ist die Nützlichkeit dieser Symbole am Ende.

Ein Junge, der plötzlich ankam, fragte: „Wenn man eine natürliche Person wird, kann man dann alles essen, was man möchte?“

Erwartet man eine strahlende Welt auf der anderen Seite des Tunnels, dauert die Dunkelheit im Tunnel um so länger. Wenn man nicht mehr etwas Leckeres essen will, kann man den wahren Geschmack von allem, was man ißt, schmecken. Es ist leicht, die einfachen Nahrungsmittel einer natürlichen Kost auf einer Tafel auszubreiten, aber es sind nur wenige, die solch ein Fest wahrhaft genießen können.

Ein Mittagsmahl aus Suppe und Reis mit eingelegtem Gemüse.

Naturkost-Mandala

Ich denke über natürliche Nahrung genau wie über natürlichen Ackerbau. Natürlicher Ackerbau fügt sich in die Natur, das heißt: Natur, wie sie vom nicht-unterscheidenden Verstand begriffen wird. Natürliche Ernährung ist ein Weg des Essens, wo in der Wildnis gesammelte Nahrung oder durch natürlichen Anbau gezogene Pflanzen und mit natürlichen Methoden gefangene Fische, ohne absichtliche Handlung durch den nicht-unterscheidenden Verstand, gegessen werden.

Wenn ich auch von nicht-absichtlicher Handlung und Nicht-Methode spreche, wird natürlich die im Laufe des alltäglichen Lebens erworbene Weisheit anerkannt. Der Gebrauch von Salz und Feuer beim Kochen könnte als erster Schritt der Trennung des Menschen von der Natur kritisiert werden, aber es ist nur eine natürliche Weisheit, wie sie von primitiven Menschen begriffen wurde und sollte als vom Himmel verliehene Weisheit gebilligt werden.

Pflanzen, die sich durch Tausende und Zehntausende von Jahren in ihrem Dasein zusammen mit den menschlichen Wesen entfaltet haben, sind keine vollständig aus dem unterscheidenden Wissen des Bauern geborene Produkte und können als natürlich vorkommende Nahrungsmittel gelten. Aber die heutigen veränderten Sorten, die sich nicht unter natürlichen Umständen entwickelt haben, sondern von einer Agrarwissenschaft, die weit von der Natur abgewichen ist, hervorgebracht wurden, genau wie in Massen produzierter Fisch, Krabben und Haustierarten, fallen aus dieser Kategorie heraus.

Ackerbau, Fischen, Tierzucht, die täglichen Realitäten von Nahrung, Kleidung, Obdach, geistigem Leben — alles, was es gibt — muß eine Einheit mit der Natur bilden.

Ich habe die folgenden Diagramme gezeichnet, um die natürliche Ernährung erklären zu helfen, die Wissenschaft und Philosophie transzendiert. Das erste stellt die Nahrungsmittel zusammen, die die Menschen finden können, mehr oder weniger in Gruppen zusammengefaßt. Das zweite Diagramm zeigt die Nahrungsmittel, die während der verschiedenen Monate des Jahres verfügbar sind. Diese Diagramme ergeben das Mandala natürlicher Nahrung. Aus diesem Mandala ist ersichtlich, daß die auf der Oberfläche der Erde zur Verfügung stehenden Nahrungsquellen beinahe unbegrenzt sind. Wenn die

Menschen Nahrung durch „Nicht-Verstand" (Ein buddhistischer Begriff, der den Zustand beschreibt, in dem es keinen Unterschied zwischen dem Individuum und der „äußeren" Welt gibt.) erlangen, können sie eine perfekte natürliche Ernährung erreichen, auch wenn sie nichts von Yin und Yang wissen.

Die Fischer und Bauern in einem japanischen Dorf haben kein besonderes Interesse an der Logik dieser Diagramme. Sie folgen der Natur, indem sie die Nahrungsmittel auswählen, die sie je nach Jahreszeit in ihrer unmittelbaren Umgebung finden.

Vom ersten Frühling an, wenn die 7 Kräuter aus der Erde sprießen, kann der Bauer 7 Geschmäcker kosten. Dazu gibt es den herrlichen Geschmack von Teichschnecken, Seebrassen und Turban-Schellfisch.

Die Jahreszeit des Grüns kommt im März. Pferdeschwanz, Brombeeren, Beifuß, Osmund und andere Bergpflanzen und natürlich die jungen Blätter der Dattelpflaume und des Pfirsichbaums sowie die Sprossen der Berg-Yamswurzel können gegessen werden. Mit ihrem leichten, köstlichen Geschmack ergeben sie leckere Tempura und können ebenso auch als Gewürz verwendet werden. An der Küste ist während der Frühjahrsmonate Seegemüse wie Kelp, *nori* und Felsenkraut köstlich und reichlich vorhanden.

Wenn der Bambus seine jungen Schößlinge treibt, sind grauer Felsen-Kabeljau, Seebrasse und gestreifter Schweinefisch am köstlichsten. Die Irisblütenzeit wird mit Fisch und der *sashima*-Makrele gefeiert. Grüne Erbsen, Schnee-Erbsen, Lima-Bohnen und Fava-Bohnen schmecken direkt aus der Schote gegessen oder mit Vollkorn wie braunem Reis, Weizen oder Gerste gekocht.

Gegen Ende der Regenzeit (In den meisten Teilen Japans dauert die Regenzeit von Juni bis Mitte Juli.) werden japanische Pflaumen eingesalzen und Himbeeren und Erdbeeren können im Überfluß gesammelt werden. Zu dieser Zeit ist es natürlich, daß der Körper nach dem frischen Geschmack von Schalotten zusammen mit wässrigen Früchten wie Loquats, Aprikosen und Pfirsichen verlangt. Die Loquat-Frucht ist nicht der einzige eßbare Teil der Pflanze. Die Samen können zu „Kaffee" gemahlen werden und wenn man die Blätter zu Tee kocht, gehört er zu den besten Arzneien. Die reifen Blätter von Pfirsich- und Dattelpflaumen-Bäumen ergeben ein lebensverlängerndes Tonikum.

Unter der strahlenden Mittsommersonne ist es ein schöner Zeitvertreib, im Schatten eines hohen Baumes zu sitzen, Melone zu essen und Honig zu schlecken. Die vielen Sommergemüse wie Karotten, Spinat, Rettich und Gurke werden reif und erntebereit. Der Körper braucht auch Gemüse- oder Sesamöl, um die sommerliche Faulheit zu vertreiben.

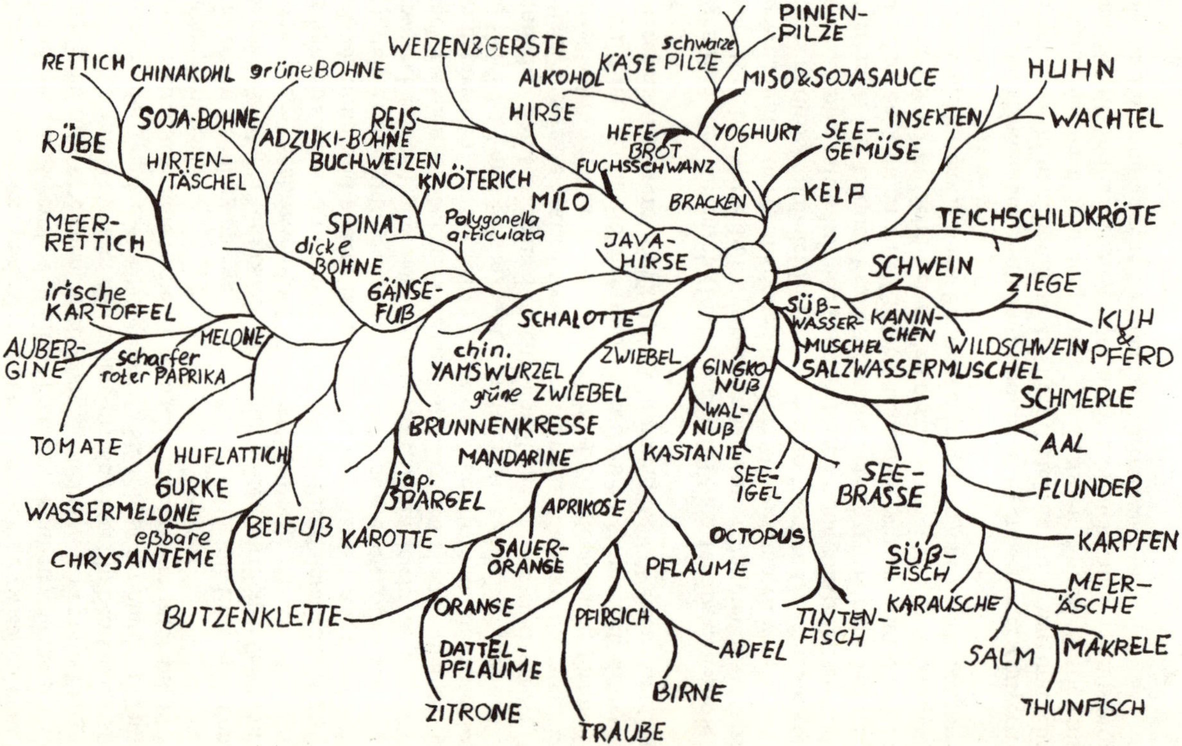
RETTICH
CHINAKOHL
grüne BOHNE
WEIZEN & GERSTE
ALKOHOL
KÄSE
schwarze PILZE
PINIEN-PILZE
MISO & SOJASAUCE
HUHN
WACHTEL
INSEKTEN
RÜBE
SOJA-BOHNE
ADZUKI-BOHNE
REIS
HIRSE
HEFE
BROT
YOGHURT
SEE-GEMÜSE
HIRTEN-TÄSCHEL
BUCHWEIZEN
KNÖTERICH
FUCHSSCHWANZ
MILO
BRACKEN
KELP
MEER-RETTICH
SPINAT
Polygonella articulata
JAVA-HIRSE
TEICHSCHILDKRÖTE
dicke BOHNE
SCHWEIN
irische KARTOFFEL
GÄNSE-FUß
ZIEGE
SCHALOTTE
SÜß-WASSER-MUSCHEL
KANIN-CHEN
KUH & PFERD
MELONE
WILDSCHWEIN
AUBER-GINE
scharfer roter PAPRIKA
chin. YAMSWURZEL
ZWIEBEL
GINGKO-NUß
SALZWASSERMUSCHEL
grüne ZWIEBEL
SCHMERLE
WAL-NUß
BRUNNENKRESSE
TOMATE
HUFLATTICH
MANDARINE
KASTANIE
AAL
SEE-IGEL
SEE-BRASSE
GURKE
jap. SPARGEL
FLUNDER
WASSERMELONE
APRIKOSE
BEIFUß
KAROTTE
OCTOPUS
KARPFEN
eßbare CHRYSANTEME
SAUER-ORANGE
SÜß-FISCH
PFLAUME
MEER-ÄSCHE
KARAUSCHE
BUTZENKLETTE
ORANGE
PFIRSICH
TINTEN-FISCH
MAKRELE
ADFEL
DATTEL-PFLAUME
SALM
BIRNE
THUNFISCH
ZITRONE
TRAUBE

Man kann es, wenn man will, geheimnisvoll nennen, daß das im Frühling geerntete Wintergetreide gut zu dem geringeren sommerlichen Appetit paßt und so werden im Sommer oft Gerstennudeln in verschiedenen Größen und Formen zubereitet. Zur gleichen Zeit wird auch Buchweizen geerntet. Es ist eine alte Wildpflanze und ein Nahrungsmittel, das gut zu dieser Jahreszeit paßt.

Frühherbst ist eine glückliche Zeit, wenn Sojabohnen und kleine rote *Azuki*-Bohnen, viele Früchte, Gemüse und verschiedene gelbe Getreide zur gleichen Zeit reifen.

Zu den Herbstmond-Feierlichkeiten werden Hirsekuchen genossen und überbrühte Sojabohnen zusammen mit Taro-Kartoffeln serviert. Wenn der Herbst fortschreitet, gibt es Mais und gedämpften Reis mit roten Bohnen, *Matsutake*-Pilzen oder Kastanien. Aber am wichtigsten ist, daß der Reis, der den ganzen Sommer lang die Sonnenstrahlen aufgenommen hat, im Herbst reift. Das bedeutet, daß für die langen Wintermonate ein Grundnahrungsmittel zur Verfügung steht, daß reichlich vorhanden und gehaltvoll an Kalorien ist.

Beim ersten Frost will man zum Bratfisch-Stand. Salzwasser-Fische wie Gelbschwanz und Thunfisch können während dieser Jahreszeit gefangen werden. Es ist interessant, daß japanischer Rettich und die Blattgemüse, die es während dieser Zeit reichlich gibt, gut zu diesem Fisch passen.

Die Speisen für die Neujahrsferien sind weitgehend aus Lebensmitteln zubereitet, die extra für die großen Feierlichkeiten eingelegt und eingesalzen wurden. Gesalzener Salm, Heringseier, rote Seebrasse, Hummer, Kelp und schwarze Bohnen werden seit vielen Jahrhunderten jedes Jahr zu diesem Fest serviert.

Jetzt die Rettiche und Rüben, die im Boden geblieben und noch mit einer Decke aus Erde und Schnee bedeckt sind, auszugraben, ist eine schöne Erfahrung während der Winterzeit. Getreide, verschiedene Bohnen, die während des Jahres angebaut wurden, *Miso* und Sojasauce sind als Grundnahrungsmittel immer zur Hand. Zusammen mit Kohl, Rettichen, Squash und Süßkartoffeln, die im Herbst eingelagert wurden, ist eine Vielfalt von Nahrungsmitteln während der kalten Monate verfügbar. Lauch und wilde Schalotten passen auch gut zum delikaten Geschmack von Austern und Seegurken, die dann gesammelt werden können.

Während man auf den Frühling wartet, sieht man Huflattichsprossen und die eßbaren Blätter der kriechenden Erdbeer-Geranie (Storchschnabel) aus dem Schnee hervorschauen. Bei der Rückkehr von Brunnenkresse, Hirtentäschel, Hühnerkraut und den anderen wilden Kräutern kann ein Garten mit

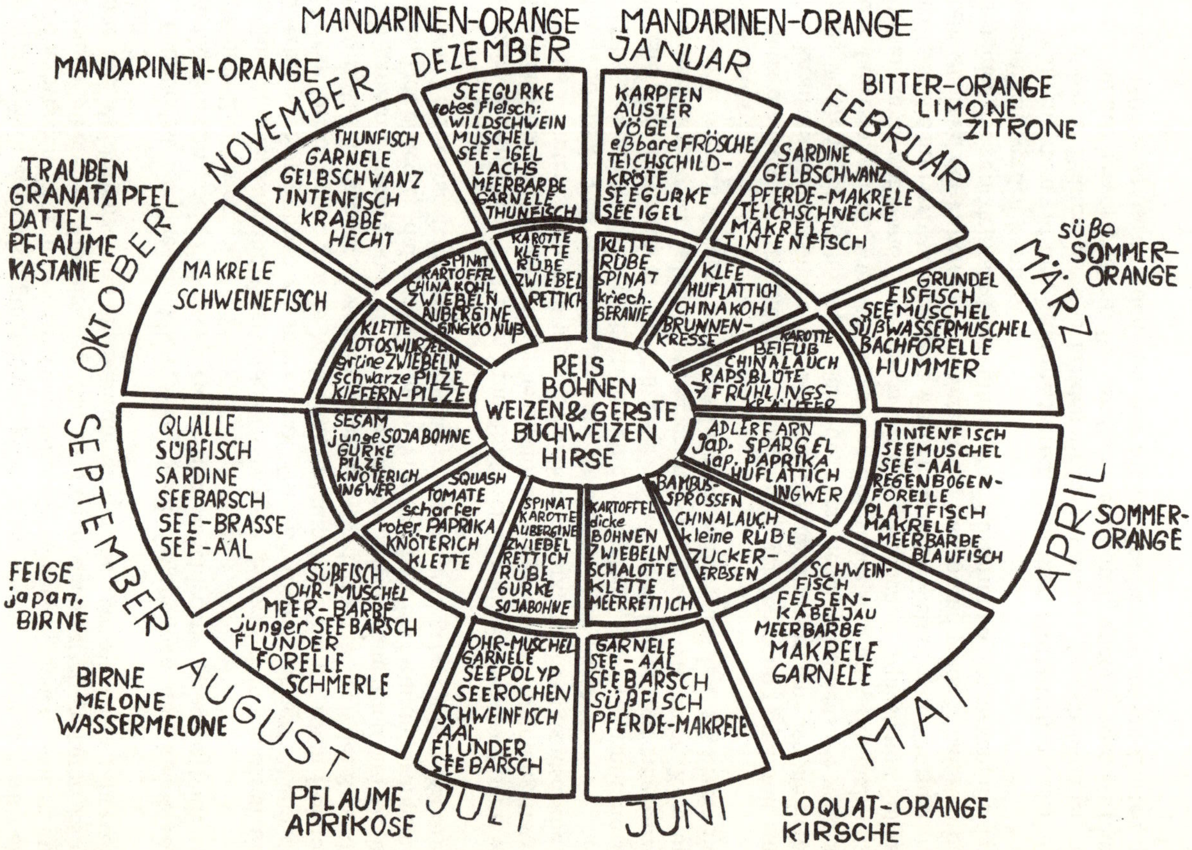
REIS
BOHNEN
WEIZEN & GERSTE
BUCHWEIZEN
HIRSE
JANUAR
MANDARINEN-ORANGE
KARPFEN
AUSTER
VÖGEL
eßbare FRÖSCHE
TEICHSCHILD-KRÖTE
SEEGURKE
SEEIGEL
KLETTE
RÜBE
SPINAT
kriech. GERANIE
FEBRUAR
BITTER-ORANGE
LIMONE
ZITRONE
SARDINE
GELBSCHWANZ
PFERDE-MAKRELE
TEICHSCHNECKE
MAKRELE
TINTENFISCH
KLEE
HUFLATTICH
CHINAKOHL
BRUNNEN-KRESSE
MÄRZ
süße SOMMER-ORANGE
GRUNDEL
EISFISCH
SEEMUSCHEL
SÜßWASSERMUSCHEL
BACHFORELLE
HUMMER
KAROTTE
BEIFUß
CHINALAUCH
RAPSBLÜTE
7 FRÜHLINGS-KRÄUTER
APRIL
SOMMER-ORANGE
TINTENFISCH
SEEMUSCHEL
SEE-AAL
REGENBOGEN-FORELLE
PLATTFISCH
MAKRELE
MEERBARBE
BLAUFISCH
ADLERFARN
jap. SPARGEL
jap. PAPRIKA
HUFLATTICH
INGWER
MAI
LOQUAT-ORANGE
KIRSCHE
SCHWEIN-FISCH
FELSEN-KABELJAU
MEERBARBE
MAKRELE
GARNELE
BAMBUS-SPROSSEN
CHINALAUCH
kleine RÜBE
ZUCKER-ERBSEN
JUNI
GARNELE
SEE-AAL
SEEBARSCH
SÜßFISCH
PFERDE-MAKRELE
KARTOFFEL
dicke BOHNEN
ZWIEBELN
SCHALOTTE
KLETTE
MEERRETTICH
JULI
PFLAUME
APRIKOSE
OHR-MUSCHEL
GARNELE
SEEPOLYP
SEEROCHEN
SCHWEINFISCH
AAL
FLUNDER
SEEBARSCH
SPINAT
KAROTTE
AUBERGINE
ZWIEBEL
RETTICH
RÜBE
GURKE
SOJABOHNE
AUGUST
BIRNE
MELONE
WASSERMELONE
SÜßFISCH
OHR-MUSCHEL
MEER-BARBE
junger SEEBARSCH
FLUNDER
FORELLE
SCHMERLE
SQUASH
TOMATE
scharfer roter PAPRIKA
KNÖTERICH
KLETTE
SEPTEMBER
FEIGE
japan. BIRNE
QUALLE
SÜßFISCH
SARDINE
SEEBARSCH
SEE-BRASSE
SEE-AAL
SESAM
junge SOJABOHNE
GURKE
PILZE
KNÖTERICH
INGWER
OKTOBER
TRAUBEN
GRANATAPFEL
DATTEL-PFLAUME
KASTANIE
MAKRELE
SCHWEINEFISCH
KLETTE
LOTOSWURZEL
grüne ZWIEBELN
schwarze PILZE
KIEFERN-PILZE
NOVEMBER
MANDARINEN-ORANGE
THUNFISCH
GARNELE
GELBSCHWANZ
TINTENFISCH
KRABBE
HECHT
SPINAT
KARTOFFEL
CHINAKOHL
ZWIEBELN
AUBERGINE
GINGKONUß
DEZEMBER
MANDARINEN-ORANGE
SEEGURKE
rotes Fleisch: WILDSCHWEIN
MUSCHEL
SEE-IGEL
LACHS
MEERBARBE
GARNELE
THUNFISCH
KAROTTE
KLETTE
RÜBE
ZWIEBEL
RETTICH

natürlichen Frühlingsgemüsen direkt unter dem Küchenfenster abgeerntet werden.

So nehmen die einheimischen Dorfbewohner an, was die Natur bietet, ernähren sich bescheiden, sammeln die Nahrungsmittel der verschiedenen Jahreszeiten mit der Hand und kosten ihren heilsamen und kräftigen Geschmack aus.

Die Leute kennen den köstlichen Geschmack der Nahrung, aber nicht den geheimnisvollen Geschmack der Natur. Oder besser, sie können ihn fühlen, aber nicht in Worten ausdrücken.

Eine natürliche Ernährung liegt vor unseren Füßen.

Die Eß-Kultur

Werden wir gefragt, warum wir essen, denken wenige über die Tatsache hinaus, daß Nahrung notwendig ist, um Leben und Wachstum im menschlichen Körper zu erhalten. Wie aber ist es mit der tiefergehenden Frage nach der Beziehung der Nahrung zum menschlichen Geist? Für Tiere ist es genug zu essen, zu spielen und zu schlafen. Auch für Menschen wäre es ein großer Fortschritt, wenn sie gesunde Nahrung, einen einfachen Tagesablauf und erholsamen Schlaf genießen könnten.

Buddha sagte: „Form ist Leere und Leere ist Form". Da die „Form" buddhistischer Terminologie die Materie oder Dinge anzeigt und Leere der Verstand ist, sagt er damit, daß Materie und Geist eins sind. Dinge haben viele verschiedene Farben, Formen und Geschmäcker und der Verstand der Menschen flattert hin und her, von den verschiedenen Eigenschaften der Dinge angezogen. Tatsächlich aber sind Materie und Verstand eins.

Farbe

Es gibt sieben Grundfarben. Wenn aber diese sieben Farben vereint werden, ergeben sie Weiß. Von einem Prisma gebrochen, wird das weiße Licht wieder zu den sieben Farben. Wenn ein Mensch die Welt mit Nicht-Verstand betrachtet, veschwindet die Farbe in der Farbe. Es ist „Nicht-Farbe". Nur wenn sie vom siebenfarbigen Verstand der Unterscheidung gesehen werden, erscheinen die sieben Farben.

Wasser erduldet zahllose Veränderungen, aber Wasser ist immer noch Wasser. Auf die gleiche Weise — auch wenn es scheint, als sei der bewußte Verstand Veränderungen unterworfen — verändert sich der ursprüngliche, unbewegliche Verstand nicht. Wenn jemand in die sieben Farben vernarrt ist, ist der Verstand leicht zu verwirren. Die Farben von Blättern, Ästen und Früchten werden wahrgenommen, während die Grundlage der Farben unbemerkt bleibt.

Das trifft auch auf Nahrung zu. Es gibt in dieser Welt viele natürliche Substanzen, die zur menschlichen Ernährung geeignet sind. Diese Nahrungsmittel werden vom Verstand untersucht und man glaubt, daß sie gute und schlechte Qualitäten besitzen. Die Menschen wählen dann das, was sie meinen haben zu müssen, bewußt aus. Dieser Prozeß der Auswahl erschwert die Erkenntnis der Grundlage menschlicher Ernährung — das, was der Himmel für den Ort und die Jahreszeit vorschreibt.

Die Farben der Natur verändern sich so leicht wie Hydrangea-Blüten. Der Körper der Natur ist ewige Transformation. Man kann es als unendliche Bewegung bezeichnen, genauso gut aber auch sich-nicht-bewegende Bewegung nennen. Wenn der Verstand die Auswahl der Nahrung übernimmt, wird das Verständnis der Natur starr und die Veränderungen der Natur, wie z. B. die Jahreszeiten, werden ignoriert.

Sinn einer natürlichen Ernährung ist nicht, kenntnisreiche Leute zu erziehen, die vernünftige Erklärungen abgeben können und geschickt unter den verschiedenen Nahrungsmitteln auswählen, sondern Menschen zu schaffen, die Nahrung annehmen, ohne bewußte Unterscheidungen zu treffen. Das ist nicht gegen den Weg der Natur. In der Erkenntnis von „Nicht-Verstand", ohne sich in den Feinheiten der Form zu verlieren, die Farbe der Farblosigkeit als Farbe zu akzeptieren, beginnt richtige Ernährung.

Geschmack

Leute sagen: „Man weiß nicht, wie Nahrung schmeckt, bis man sie kostet." Aber sogar wenn man sie kostet, kann der Geschmack der Nahrung variieren, abhängig von der Zeit, den Umständen und der Einstellung der Person, die sie kostet.

Fragt man einen Wissenschaftler, was die Substanz des Geschmackes ist, wird er versuchen, ihn durch Isolieren der verschiedenen Komponenten und durch Bestimmen der Proportionen von süß, sauer, bitter, salzig und scharf zu bestimmen. Aber der Geschmack kann nicht durch Analysen und/oder durch die Zungenspitze definiert werden. Auch wenn die fünf Geschmacksrichtungen mit der Zunge wahrgenommen werden, sammelt und interpretiert der Verstand die Eindrücke.

Ein „Natur"-Mensch ernährt sich richtig, denn sein Instinkt arbeitet richtig. Er ist mit einfacher Nahrung zufrieden. Diese ist nahrhaft, schmeckt gut und ist tägliche Arznei. Nahrung und der menschliche Geist sind vereint.

Moderne Menschen haben ihren klaren Instinkt verloren und sind folglich unfähig geworden, die sieben Kräuter des Frühlings zu sammeln und zu genießen. Sie suchen nach Geschmacksvielfalt. Ihre Ernährung ist ungeordnet, der Abstand zwischen Neigung und Abneigung vergrößert sich und ihr Instinkt wird immer unklarer. An diesem Punkt beginnen die Menschen, ihre Nahrung stark zu würzen, ausgefeilte Kochtechniken zu benutzen und damit vergrößern sie die Verwirrung. Nahrung und der menschliche Geist haben sich entfremdet.

Den meisten Menschen ist heute sogar der Geschmack von Reis fremd geworden. Das volle Korn wird raffiniert und verarbeitet. Zurück bleibt nur die geschmacklose Stärke. Poliertem Reis fehlt der einzigartige Duft und Geschmack von vollem Reis. Folglich sind Gewürze erforderlich und diese müssen mit Beilagen oder durch Übergießen mit Soße ergänzt werden. Die Leute denken fälschlicherweise, es mache nichts aus, daß der Nährwert des Reis niedrig ist, solange Vitamin-Zusätze oder andere Nahrungsmittel wie Fleisch oder Fisch die fehlenden Nährstoffe liefern.

Wohlschmeckende Nahrung ist nicht an sich geschmackvoll. Sie wird es erst dann, wenn jemand sie dafür hält. Obwohl die meisten Leute meinen, Rindfleisch und Huhn seien delikat, wirken sie auf eine Person abstoßend, die sich aus körperlichen oder spirituellen Gründen entschieden hat, sie nicht zu mögen.

Kinder sind glücklich, wenn sie einfach nur spielen oder überhaupt nichts tun. Auf der anderen Seite bestimmt ein unterscheidender Erwachsener, was ihn glücklich macht und wenn diese Bedingungen erfüllt sind, fühlt er sich zufrieden. Nahrungsmittel schmecken ihm nicht notwendigerweise gut, weil sie den feinen Geschmack der Natur besitzen und den Körper nähren, sondern weil sein Geschmackssinn von der Idee bestimmt wird, daß sie gut schmecken.

Weizennudeln sind köstlich, eine Tasse Fertignudeln aus einem Verkaufsautomaten schmeckt scheußlich. Wird aber durch Werbung die Idee, daß sie schlecht schmecken, ausgelöscht, schmecken vielen Leuten sogar diese ungesunden Nudeln gut.

Es gibt Geschichten darüber, daß geschickt getäuschte Leute sogar Pferdemist gegessen haben. Das ist nicht zum Lachen. Heutzutage essen Leute mit ihrem Verstand, nicht mit ihrem Körper. Vielen Leuten ist es egal, ob in ihrer Nahrung Glutamat ist, aber sie schmecken nur mit ihrer Zungenspitze, so werden sie leicht betrogen.

Am Anfang aßen die Menschen einfach, weil sie lebten und weil Nahrung gut schmeckte. Moderne Menschen haben zu denken gelernt, daß Speisen fade sind, wenn sie nicht mit ausgefeilten Gewürzen zubereitet werden. Wenn man nicht versucht, Nahrung wohlschmeckend zu machen, dann erkennt man, daß die Natur dies schon getan hat.

Die erste Überlegung sollte sein, auf eine Weise zu leben, daß die Nahrung selbst gut schmeckt, aber heute gehen stattdessen alle Anstrengungen dahin, durch Zutaten den Geschmack zu verbessern. Ironischerweise sind fast alle wirklich guten Nahrungsmittel verschwunden.

Die Leute versuchen, leckeres Brot zu machen und leckeres Brot verschwindet. In dem Versuch, reichhaltige luxuriöse Nahrungsmittel zu produzieren, entstehen nutzlose Produkte und der Appetit der Leute ist unbefriedigend.

Die besten Methoden der Nahrungszubereitung bewahren den reinen Geschmack der Natur. Die alltägliche Weisheit alter Zeiten ermöglichte den Menschen, die verschiedenen Arten von Gemüse-Pickles zu bereiten, wie getrocknete Pickles, Salz-Pickles, Kleie-Pickles und *Miso*-Pickles, so daß auch der Geschmack der Gemüse selbst bewahrt wurde.

Die Kunst des Kochens beginnt mit Meersalz und einem knisternden Feuer. Wird Nahrung von jemandem zubereitet, der sensibel für die Grundlagen der Kochkunst ist, behält sie ihren natürlichen Geschmack. Wenn Nahrung durch das Kochen fremd und exotisch schmeckt und wenn der Zweck dieser Veränderung nur der ist, den Gaumen zu erfreuen, ist das falsches Kochen.

Kultur wird gewöhnlich für etwas allein von menschlichen Bemühungen Geschaffenes, Erhaltenes und Entwickeltes gehalten. Aber Kultur entstammt immer der Partnerschaft von Mensch und Natur. Wird die Einheit der menschlichen Gesellschaft mit der Natur erkannt, nimmt Kultur selbst Form an. Kultur war immer eng mit dem täglichen Leben verbunden und wurde so künftigen Generationen weitergegeben und bis zur heutigen Zeit bewahrt.

Etwas aus menschlichem Stolz und im Verlangen nach Vergnügen Geborenes kann nicht als echte Kultur bezeichnet werden. Echte Kultur entsteht aus der Natur und sie ist einfach, bescheiden und rein. Fehlt der Menschheit wahre Kultur, wird sie untergehen.

Als die Leute natürliche Nahrung zurückwiesen und stattdessen raffinierte Nahrung schufen, betrat die Gesellschaft den Pfad ihres Untergangs. Das ist so, weil heute Nahrung nicht das Produkt echter Kultur ist. Nahrung ist Leben und Leben darf keinen Schritt von der Natur abweichen.

Vom Brot allein leben

Gute Ernährung ist eines der besten Dinge im Leben, aber für die meisten Leute ist Essen bloß eine Möglichkeit, den Körper zu ernähren, Energie für die Arbeit zu haben und bis ins hohe Alter zu leben. Mütter sagen oft ihren Kindern, sie sollen ihr Nahrung essen — auch wenn sie diese nicht mögen —, weil es ,,gut'' für sie sei.

Ernährung kann aber nicht vom Geschmackssinn getrennt werden. Nahrhafte Nahrungsmittel, die gut für den menschlichen Organismus sind, regen den Appetit an und sind selbst köstlich. Richtige Ernährung ist von gutem Geschmack untrennbar.

Vor nicht allzu langer Zeit bestand das tägliche Mahl der Bauern in dieser Gegend aus Reis und Gerste mit *Miso* und eingelegtem Gemüse. Diese Ernährung gab langes Leben, eine kräftige Konstitution und gute Gesundheit. Gedämpftes Gemüse und gedämpfter Reis mit roten Bohnen waren ein Festmahl, einmal im Monat. Des Bauern gesunder, robuster Körper war fähig, sich von dieser einfachen Reis-Diät zu ernähren.

Die traditionelle Reis-Gemüse-Diät des Ostens ist von der Ernährung in westlichen Gesellschaften sehr verschieden. Westliche Ernährungswissenschaftler glauben, daß eine ausgewogene Ernährung und gute Gesundheit nicht bewahrt werden können, solange nicht täglich bestimmte Mengen an Stärke, Fett, Protein, Mineralien und Vitaminen gegessen werden. Diese Überzeugung spiegelt sich in der Mutter wieder, die ,,nahrhaftes'' Essen in den Mund ihres Kindes stopft.

Man könnte annehmen, daß die westliche Ernährungslehre mit ihren ausgefeilten Theorien und Berechnungen alle Zweifel über richtige Ernährung ausgeräumt hat. Tatsache ist aber, daß sie weit mehr Probleme schafft, als sie löst.

Ein Problem ist, daß sich die westlichen Ernährungswissenschaften nicht bemühen, die Ernährung an den natürlichen Kreislauf anzupassen. Die daraus resultierende Ernährung führt dazu, menschliche Wesen von der Natur zu isolieren. Angst vor der Natur und ein allgemeines Gefühl der Unsicherheit sind oft die unglücklichen Ergebnisse.

Ein weiteres Problem ist, daß spirituelle und emotionale Werte vollkommen vergessen werden, obwohl Nahrungsmittel stark mit dem menschlichen Geist und Gefühlen verbunden sind. Wenn das menschliche Wesen nur als ein physiologisches Objekt gesehen wird, ist es unmöglich, ein ganzheitliches Verständnis für Ernährung zu gewinnen. Werden die Informationen bruchstückweise gesammelt und in Verwirrung zusammengebracht, ist das Resultat eine unvollkommene Ernährung, die uns von der Natur entfremdet.

„In dem einen Ding liegen alle Dinge, aber wenn alle Dinge zusammen kommen, kann kein einziges Ding entstehen." Westliche Wissenschaft ist unfähig, die Regeln östlicher Philosophien zu begreifen. Eine Person kann, wenn sie will, einen Schmetterling analysieren und untersuchen, aber sie kann keinen Schmetterling schaffen.

Würde westliche wissenschaftliche Ernährung in großem Stil in die Praxis umgesetzt, welche Art praktischer Probleme würde voraussichtlich auftreten? Qualitätsfleisch, Eier, Gemüse, Brot und andere Nahrungsmittel müßten das ganze Jahr über ständig verfügbar sein. Massenproduktion und Langzeitlagerung wären notwendig. In Japan hat diese Ernährung die Bauern bereits dazu gebracht, im Winter Sommergemüse wie Salat, Gurken, Auberginen und Tomaten zu produzieren. Es wird nicht mehr lange dauern, bis die Bauern Dattelpflaumen im Frühling und Pfirsiche im Herbst ernten sollen.

Es ist unvernünftig zu erwarten, daß eine gesunde, ausgewogene Ernährung einfach durch Lieferung einer Vielfalt von Nahrungsmitteln erreicht werden kann, ungeachtet der Jahreszeit. Verglichen mit natürlich reifenden Pflanzen enthalten Gemüse und Früchte, die außerhalb der Saison unter notwendigerweise unnatürlichen Bedingungen angebaut wurden, weniger Vitamine und Mineralien. Es ist nicht überraschend, daß im Herbst oder Winter angebautes Sommergemüse nicht den Geschmack und Duft jener Früchte be-

Schärfen einer langen Sense.

sitzt, die unter der Sonne durch organische oder natürliche Methoden gewachsen sind.

Chemische Analyse, Nährwert-Verhältnisse und andere Überlegungen sind die Hauptursache des Irrtums. Die von der modernen Wissenschaft vorgeschriebene Nahrung ist weit entfernt von traditioneller asiatischer Ernährung und unterhöhlt die Gesundheit des japanischen Volkes.

Zusammenfassung zur Ernährung

Man kann die Ernährungsweisen auf dieser Welt in vier Hauptströme unterteilen:

1) Eine nachlässige Ernährung gemäß der Gewohnheit und dem persönlichen Geschmack. Wer so ißt, schwankt regellos hin und her, Launen und Moden folgend. Diese Ernährung will ich als selbst-bezogene, leere Eßweise bezeichnen.

2) Die normale Ernährung der meisten Leute, die auf wissenschaftlichen Erkenntnissen beruht. Bestimmte Nahrungsmittel werden zum Zweck der Erhaltung des körperlichen Lebens gegessen. Sie kann materialistische, wissenschaftliche Eßweise genannt werden.

3) Die auf spirituellen Prinzipien und idealistischer Philosophie basierende Ernährung. Da sie den Gebrauch von Nahrungsmitteln einschränken und auf Verdichtung ausgerichtet sind, fallen die meisten ,,natürlichen“ Ernährungsweisen in diese Gruppe. Diese könnte Ernährung des Prinzips genannt werden.

4) Die natürliche Ernährung, die dem Willen des Himmels folgt. Da diese Ernährung alles menschliche Wissen abstreift, nennen ich sie Eßweise der Nicht-Unterscheidung.

Zuerst gehen die Leute von der leeren Ernährung ab, die eine Quelle zahlloser Krankheiten ist. Dann gehen viele, nachdem sie von der wissenschaftlichen Ernährung enttäuscht sind, die bloß das biologische Leben zu erhalten sucht, zu einer Ernährung des Prinzips über. Zuletzt erreicht man, all das hinter sich lassend, die nicht-unterscheidende Ernährung der natürlichen Person.

Die Ernährung der Nicht-Unterscheidung

Menschliches Leben wird nicht durch eigene Kraft erhalten. Die Natur schafft menschliche Wesen und hält sie am Leben. Das ist die Beziehung, in der menschliche Wesen zur Natur stehen. Nahrung ist ein Geschenk des Him mels. Menschen erzeugen keine Nahrungsmittel aus der Natur, der Himmel schenkt sie ihnen.

Nahrung ist Nahrung und Nahrung ist nicht Nahrung. Sie ist ein Teil des Menschen und sie ist etwas anderes.

Wenn Nahrung, Körper, Herz und Verstand perfekt mit der Natur übereinstimmen, wird eine natürliche Ernährung möglich. Der Körper, wie er ist, ist frei, wenn er seinem eigenen Instinkt folgt, wenn er ißt, was gut schmeckt, und stehen läßt, was nicht schmeckt.

Es ist unmöglich, Regeln und Maßstäbe für eine natürliche Ernährung vorzuschreiben. (Ein genaues System, mit dem man bewußt diese Fragen entscheiden kann, gibt es nicht. Natur oder der Körper dienen als kundige Führer. Aber diese feine Führung bleibt von den meisten Leuten wegen des Lärms, der vom Verlangen und der Aktivität des unterscheidenden Verstandes verursacht wird, ungehört.) Diese Ernährung definiert sich selbst gemäß der örtlichen Umwelt, der verschiedenen Bedürfnisse und der körperlichen Konstitution jeder Person.

Die Ernährung aus Prinzip

Jeder sollte sich bewußt sein, daß Natur immer vollständig, in Harmonie, innerhalb ihrer selbst ausgewogen ist. Natürliche Nahrung ist ganz und in dem Ganzen sind Nährstoffe und Geschmack enthalten.

Es erscheint, daß Leute den Ursprung des Universums und die Transformationen der Natur erklären können, indem sie das System von Yin und Yang anwenden. Es mag ebenso erscheinen, daß die Harmonie des menschlichen Körpers bestimmt und bewußt erhalten werden kann. Wenn man sich aber zu sehr mit den Lehrsätzen befaßt (wie es zum Studium östlicher Medizin notwendig ist), betritt man das Gebiet der Wissenschaft und ist wieder in der unterscheidenden Wahrnehmung gefangen.

Von den Feinheiten menschlichen Wissens fortgerissen, ohne dessen Grenzen zu erkennen, lernt der, der der Ernährung aus Prinzip folgt, nur, sich um unterschiedene Objekte zu bemühen. Wenn er aber versucht, den Sinn der Natur durch eine breite und weitreichende Vision zu begreifen, kann er die kleinen Dinge, die zu seinen Füßen geschehen, nicht sehen.

Die typische Ernährung der kranken Person

Krankheit tritt auf, wenn Leute sich von der Natur entfernen. Die Schwere der Krankheit steht in direktem Verhältnis zum Grade der Trennung. Kehrt eine kranke Person in eine gesunde Umwelt zurück, verschwindet oft die Krankheit. Wenn die Entfremdung von der Natur extrem wird, steigt die Zahl kranker Menschen. Dann wird das Verlangen, zur Natur zurückzukehren, stärker. Aber in der *Suche* nach Rückkehr zur Natur gibt es kein klares Verständnis davon, was Natur ist, daher wird der Versuch fehlschlagen.

Sogar wenn jemand ein primitives Leben zurückgezogen in den Bergen führt, mag er doch versagen dabei, das wahre Ziel zu erfassen. Wenn man *versucht* etwas zu tun, erreichen die Bemühungen niemals das gewünschte Ergebnis.

Die Leute in den Städten stehen ungeheuren Schwierigkeiten gegenüber beim Versuch, eine natürliche Ernährung zu erreichen. Natürliche Nahrung ist einfach nicht erhältlich, weil die Bauern aufgehört haben, sie anzupflanzen. Sogar wenn sie natürliche Nahrung kaufen könnten, müßten die Körper erst daran gewöhnt werden, solch gesunde Kost zu verdauen.

In dieser Art von Situation müßte man schon göttlich begnadet sein, wollte man nur gesunde Gerichte essen oder eine ausgeglichene Yin-Yang-Ernährung erreichen. Weit entfernt von der Rückkehr zur Natur entsteht eine komplizierte, fremde Art von „natürlicher" Ernährung und das Individuum wird nur noch weiter von der Natur fortgezogen.

Schaut man heute in die „Naturkost"-Läden hinein, findet man eine verwirrende Auswahl an frischen Nahrungsmitteln, abgepackten Produkten, Vitaminen und Diät-Ergänzungsmitteln. In der Literatur werden viele verschiedene Ernährungs-Typen als „natürlich", nahrhaft und als das Beste für die Gesundheit vorgestellt. Wenn jemand sagt, es sei gesund, Nahrungsmittel gemeinsam zu kochen, gibt es jemand anderen, der sagt, solche Nahrung führe zur Krankheit. Einige betonen die Notwendigkeit von Salz in der Ernährung, andere sagen, zuviel Salz verursacht Krankheiten. Wenn es jemand gibt, der Früchte als Yin und „Affennahrung" meidet, gibt es jemand anderes, der sagt, Früchte und Gemüse seien die allerbesten Nahrungsmittel für ein langes Leben und ein frohes Gemüt.

Zu verschiedenen Zeiten und unter verschiedenen Umständen können alle diese Meinungen richtig sein, und so werden die Leute verwirrt. Oder vielmehr, für eine verwirrte Person werden alle diese Theorien zu Material, das noch größere Verwirrung schafft.

Natur ist in fortwährendem Wechsel, sich von Augenblick zu Augenblick verändernd. Menschen können die wahre Erscheinung der Natur nicht erfassen. Das Gesicht der Natur ist unergründlich. Der Versuch, das Unergründliche in Theorien und Doktrinen zu erfassen ist wie der Versuch, den Wind in einem Schmetterlingsnetz zu fangen.

Trifft man im falschen Ziel ins Schwarze, hat man es ganz verfehlt.

Die Menschheit ist wie ein blinder Mann, der nicht weiß, wohin er geht. Er tastet herum mit dem Stock der wissenschaftlichen Bildung, von Yin und Yang abhängig, um seine Richtung zu wählen.

Was ich sagen möchte ist, wähle keine Nahrung mit dem Kopf aus und das heißt, befreie dich vom unterscheidenden Verstand. Ich hoffe, daß das Nahrungs-Mandala, daß ich früher zeichnete, als Führer dienen wird, der auf einen Blick die Beziehungen verschiedener Nahrungsmittel zueinander und zum Menschen zeigt. Aber man kann auch das fortwerfen, nachdem man es einmal gesehen hat.

Der erste Schritt ist, Sensibilität zu entwickeln, um dem Körper zu erlauben, selbst seine Nahrung auszuwählen. Nur über die Nahrungsmittel nachzudenken und den Geist beiseite lassen, ist wie den Tempel besuchen, die Sutras lesen und Buddha draußen lassen. Statt philosophische Theorien zu studieren, um ein Verständnis von Nahrung zu erreichen, ist es besser, bei einer Theorie anzukommen, die *aus* der täglichen Ernährung *heraus* stammt.

Ärzte sorgen für kranke Leute — gesunde Leute werden von der Natur umsorgt. Anstatt krank zu werden und sich dann in eine natürliche Ernährung zu vertiefen, um gesund zu werden, sollte man in einer natürlichen Umwelt leben, so daß Krankheit gar nicht auftritt.

Die jungen Leute, die hierher kommen, um in den Hütten am Berg zu bleiben und ein natürliches Leben zu führen, natürliche Nahrungsmittel zu essen und natürlichen Ackerbau zu praktizieren, sind sich des Menschens eigentlicher Ziele bewußt und sie haben sich aufgemacht, um damit in der einfachsten Weise im Einklang zu leben.

Nahrung und Ackerbau

Dieses Buch über natürlichen Anbau enthält notwendigerweise Überlegungen zu natürlicher Nahrung. Dies muß so sein, weil Nahrung und Anbau Vorder- und Rückseite einer Sache sind, Es ist sonnenklar, daß natürliche Nahrung der Öffentlichkeit nicht verfügbar ist, wenn nicht natürlicher Ackerbau betrieben wird. Wenn aber keine natürliche Ernährung üblich ist, wissen die Bauern nicht, was sie anbauen sollen.

Solange die Menschen sich der Natur verschließen, kann es weder natürlichen Ackerbau noch natürliche Nahrung geben. In einer der Hütten am Berg hinterließ ich die Worte ,,Richtige Nahrung, Richtige Handlung, Richtiges Bewußtsein'' (dieses Motto entspricht dem buddhistischen achtfachen Pfad der spirituellen Verwirklichung) auf einem Kiefernholzschild über der Feuerstelle eingeritzt. Die drei können nicht voneinander getrennt werden. Wenn eines fehlt, kann keines verwirklicht werden. Wenn eines verwirklicht wird, sind alle verwirklicht.

Die Menschen sehen die Welt selbstzufrieden als einen Platz, wo ,,Fortschritt'' aus Unruhe und Verwirrung wächst. Aber zwecklose und zerstörerische Entwicklung lockt Verwirrung des Denkens an, bewirkt nichts weniger als die Degeneration und den Zusammenbruch des Menschengeschlechts. Wenn nicht klar verstanden wird, was die sich nicht bewegende Quelle all dieser Aktivität ist — was Natur ist — ist es unmöglich, unsere Gesundheit wiederzugewinnen.

V

Ein Narr ahmt den Klugen nach

Die Herbstnächte sind lang und kühl. Blickt man in die glühenden Kohlen, legt die Hände um eine Tasse warmen Tee, so ist die Zeit gut verbracht. Es heißt, daß man gut über alles reden kann, während man am Feuer sitzt, also habe ich gelegentlich das Thema des Widerwillens meiner Mit-Bauern zur Sprache gebracht. Es scheint aber, daß es damit einige Probleme gibt.

Hier stehe ich nun und habe immer wieder gesagt, wie unbedeutend doch alles ist, daß die Menschheit unwissend ist, daß nichts erstrebenswert und alles sinnlose Mühe ist. Wie kann ich das sagen und dann so weiterplappern? Wenn ich mich selbst dränge, etwas zu schreiben, so ist nur eins wert zu schreiben: daß Schreiben nutzlos ist. Es ist sehr verwirrend.

Ich will mich nicht über meine Vergangenheit auslassen und bin auch nicht weise genug, um die Zukunft vorherzusagen. Im Feuer stochernd, während ich über alltägliche Dinge rede — wie kann ich jemand bitten, eines alten Bauern dumme Bemerkungen zu ertragen?

Auf der Anhöhe des Obstgartens, Matsuyama Bay und die weite Dogo-Ebene überblickend, stehen mehrere kleine, lehmgestrichene Hütten. Dort ist eine Handvoll Leute zusammengekommen, die ein einfaches Leben führen. Es gibt keine modernen Annehmlichkeiten. Ihre friedvollen Abende bei Kerzen- und Lampenlicht verbringend, führen sie ein einfaches Leben: brauner Reis, Gemüse, ein Gewand und eine Schale. Sie kommen von irgendwo her, bleiben für eine Weile und gehen wieder.

Unter den Gästen sind Agrarforscher, Studenten, Schüler, Hippies, Dichter und Wanderer, Junge und Alte, Männer und Frauen verschiedenen Charakters und Nationalität. Die meisten von denen, die längere Zeit bleiben, sind junge Leute mit einem Bedürfnis nach einer Periode der Selbsterkenntnis.

Meine Funktion ist es, als ein Hauswirt dieses Gasthauses am Weg zu fungieren, den Reisenden, die kommen und gehen, Tee zu servieren. Und während sie auf den Feldern helfen, genieße ich es, zuzuhören, was in der Welt geschieht.

Das hört sich nett an, tatsächlich ist es aber kein so sanftes und leichtes Leben. Ich befürworte ,,Nicht-Tun"-Ackerbau, und so kommen viele Leute und denken, sie finden ein Utopia, wo man leben kann, ohne das Bett zu verlassen. Diesen Leuten steht eine große Überraschung bevor. Im frühen Morgennebel Wasser von der Quelle tragen, Brennholz spalten, bis die Hände rot sind und von Blasen schmerzen, knöcheltief im Schlamm arbeiten — es gibt viele, die schnell aufgeben.

Als ich heute eine Gruppe junger Leute beim Bau einer kleinen Hütte beobachtete, kam eine junge Frau aus Funabishi heraufgewandert.

Als ich fragte, warum sie gekommen sei, sagte sie: ,,Ich kam einfach, das ist alles. Ich weiß sonst garnichts."

Eine gescheite junge Dame, leichtfertig und geistesgegenwärtig. Ich fragte sie dann: ,,Wenn Sie wissen, Sie sind nicht erleuchtet, dann gibt es nichts zu sagen, stimmt's? Um die Welt durch die Kraft der Unterscheidung zu verstehen, verlieren die Leute den Sinn aus den Augen. Ist das nicht der Grund, warum die Welt in einem Dilemma steckt?"

Sie antwortete sanft: ,,Ja, wenn Sie meinen." ,,Vielleicht haben Sie keine klare Vorstellung davon, was Erleuchtung ist. Welche Bücher haben Sie vorher gelesen?" Sie schüttelte ablehnend den Kopf, lesen, nein.

Die Leute studieren, weil sie denken, daß sie nicht verstehen, aber Studieren verbessert nicht das Verständnis. Sie studieren schwer, nur um am Ende herauszufinden, daß die Menschen gar nichts wissen können, daß Verstehen jenseits menschlicher Fassungskraft liegt.

Die Leute denken gewöhnlich, daß der Begriff ,,Nicht-Verstehen" bedeutet, wenn man zum Beispiel sagt, daß man neun Dinge versteht, es aber ein Ding gibt, das man nicht versteht. Wenn man aber meint, zehn Dinge zu verstehen, versteht man tatsächlich nicht einmal eines. Wenn man hundert Blumen kennt, ,,kennt" man keine einzige. Die Menschen kämpfen schwer, um zu verstehen, überzeugen sich selbst, daß sie verstehen und sterben unwissend.

Die jungen Leute machten eine Pause bei ihrer Zimmerei, setzten sich ins Gras bei einem hohen Mandarinen-Baum und schauten hinauf zu den flockigen Wolken am südlichen Himmel.

Die Menschen denken, wenn sie ihre Augen von der Erde in die Höhe richten, daß sie den Himmel erblicken. Sie stellen die Orangenfrucht abseits der grünen Blätter und sagen, sie kennen das Grün der Blätter und das Orange der Früchte. Aber sobald man einen Unterschied zwischen Grün und Orange zieht, verschwinden die wahren Farben.

Die Leute meinen, sie verstehen Dinge, weil sie ihnen vertraut sind. Das ist

Der Zitrushain und die Hütten vom Berg aus gesehen.

nur oberflächliches Wissen. Es ist das Wissen des Astronomen, der die Namen der Sterne, des Botanikers, der die Einteilung der Blätter und Blumen, und des Künstlers, der die Ästhetik von Grün und Rot kennt. Das ist nicht die Kenntnis der Natur selbst — Erde und Himmel, Grün und Rot. Astronomen, Botaniker und Künstler haben nicht mehr getan, als Eindrücke zu greifen und sie zu interpretieren. Jeder innerhalb des Gewölbes seines eigenen Verstandes. Je mehr sie in die Aktivitäten des Intellekts verwickelt werden, desto mehr stellen sie sich selbst beiseite und desto schwieriger wird es, natürlich zu leben.

Die Tragödie ist, daß die Leute in ihrer grundlosen Arroganz versuchen, die Natur ihrem Willen zu unterwerfen. Menschliche Wesen können natürliche Formen zerstören, aber sie können sie nicht erschaffen. Unterscheidung, sowie ein aufgesplittertes und unvollständiges Verhältnis bilden stets den Ausgangspunkt menschlichen Wissens. Unfähig, die Gesamtheit der Natur zu kennen, können Menschen nicht mehr tun, als ein unvollständiges Modell davon zu konstruieren und sich dann selbst mit der Vorstellung zu betrügen, daß sie etwas Natürliches geschaffen haben.

Alles was jemand zu tun hat, um die Natur zu kennen, ist zu erkennen, daß er nichts wirklich weiß, daß er unfähig ist, etwas zu wissen. Dann wird er das Interesse am unterscheidenden Wissen verlieren. Wenn er das unterscheidende Wissen aufgibt, entsteht aus ihm heraus nicht-unterscheidendes Wissen.

Wenn er nicht versucht über Wissen nachzudenken, wenn er sich nicht um Verstehen kümmert, wird der Tag kommen, an dem er verstehen wird. Es gibt keinen anderen Weg als durch die Zerstörung des Egos, als dadurch, den Gedanken von sich zu werfen, daß die Menschen getrennt von Himmel und Erde existieren.

,,Das bedeutet dumm statt schlau zu sein,'' fuhr ich einen jungen Burschen an, der einen weisen, selbstzufriedenen Ausdruck auf dem Gesicht hatte. ,,Was für ein Ausdruck ist das in Deinen Augen? Dummheit tritt oft als Weisheit auf. Weißt Du genau, ob Du dumm oder schlau bist, oder versuchst Du ein dümmlicher schlauer Bursche zu werden? Du kannst nicht schlau werden, kannst nicht dumm werden, Du hast Dich festgefahren. Ist es nicht das, wo Du jetzt stehst?''

Bevor ich es merkte, war ich wütend über mich, wegen der dauernden Wiederholung der gleichen Worte. Worte, die niemals der Weisheit der Stille entsprechen können, Worte, die ich selbst nicht verstehen konnte.

Die Herbstsonne sank tief am Horizont. Dämmerfarben erreichten den Fuß des alten Baumes. Das Licht vom Binnenmeer im Rücken kehrten die jungen Leute langsam zu den Hütten zum Abendessen zurück. Ich folgte still im Schatten.

Wer ist der Narr?

Es heißt, daß kein Geschöpf weiser als der Mensch ist. In Anwendung dieser Weisheit sind Menschen nun die einzigen Tiere, die einen Nuklearkrieg führen können.

Neulich kam der Besitzer des Naturkost-Ladens am Bahnhof von Osaka den Berg heraufgeklettert und brachte sieben Begleiter mit, wie die sieben Götter des Glücks. Mittags, als wir einen improvisierten Braunen-Reis-Eintopf aßen, erzählte einer von ihnen folgendes: „Unter Kindern gibt es immer eins, das sich um nichts in der Welt sorgt, das glücklich lacht, während es pinkelt. Ein anderes, das beim „Pferd-und-Reiter-Spiel" immer als Pferd endet. Und immer ein drittes, das die anderen clever um ihren Nachmittags-Snack betrügt. Bevor der Klassensprecher gewählt wird, spricht der Lehrer ernsthaft über die wünschenswerten Qualitäten eines guten Führers und über die Bedeutung, eine weise Entscheidung zu fällen. Am Ende fällt die Wahl auf den Jungen, der glücklich lachend am Straßenrand steht."

Jeder amüsierte sich, aber ich konnte nicht verstehen, warum sie lachten. Ich dachte, das sei doch nur natürlich.

Wer die Welt in Begriffen von Gewinn und Verlust sieht, muß als den Verlierer das Kind betrachten, das immer die Rolle des Pferdes spielen muß, aber Größe oder Mittelmäßigkeit passen nicht auf Kinder. Der Lehrer dachte, das schlaue Kind sei das bemerkenswerte, aber die anderen Kindern fanden ihn auf die falsche Weise schlau, jemand, der andere unterdrückt.

Zu denken, daß der eine, der schlau ist und auf sich selbst achtgeben kann, außergewöhnlich ist, und daß es besser ist, außergewöhnlich zu sein, heißt „Erwachsenen-Werten" zu folgen. Der eine, der seinen Geschäften nachgeht, gut ißt und schläft, der eine, der sich keine Sorgen macht, lebt doch auf die befriedigendste Weise. Es gibt keinen größeren als den, der nicht versucht, etwas zu vollbringen.

In Äsops Fabel baten die Frösche Gott um einen König und er gab ihnen einen Klotz. Die Frösche machten sich über den Klotz lustig und als sie Gott um einen größeren König baten, schickte er ihnen einen Kranich hinunter. Wie die Geschichte erzählt, fraß dieser alle Frösche.

Wenn der eine, der ganz vorne steht, bedeutend ist, müssen die anderen,

Wir sind an den Punkt gekommen, wo es keinen anderen Weg gibt als eine „Bewegung" zu schaffen, die überhaupt nichts zustande bringen soll.

die nachfolgen, kämpfen und sich anstrengen. Stellt man einen normalen Burschen an die Spitze, haben es die anderen leicht. Die Leute denken, daß jemand, der stark und klug ist, auch herausragend ist und dann wählen sie einen Premierminister, der das Land wie eine Diesellok zieht.

„Was für eine Person sollte Premierminister werden?" „Ein Klotz," antwortete ich. „Es gibt keinen besseren als *daruma-san* (ein beliebtes japanisches Kinderspielzeug — ein großer Ballon, am Boden beschwert, in Form eines Mönches im Meditationssitz). Er ist ein solch entspannter Bursche, er kann Jahre meditieren, ohne ein Wort zu sagen. Gibt man ihm einen Schubs, rollt er herum, aber mit der Beständigkeit des Nicht-Widerstands sitzt er immer wieder aufrecht. *Daruma-san* sitzt nicht einfach faul herum, seine Hände und Füße gefaltet. Er weiß, daß man sie gefaltet halten *sollte* und blickt finster und still auf die Leute, die ihre ausstrecken wollen."

„Würde man überhaupt nichts tun, könnte die Welt sich nicht weiterdrehen. Was wäre die Welt ohne Entwicklung?"

„Warum muß man sich entwickeln? Wenn das Wirtschaftswachstum von 5 % auf 10 % steigt, verdoppelt sich dann meine Freude? Was ist an einer Wachstumsrate von 0 % falsch? Ist das nicht eine recht stabile Art der Wirtschaft? Könnte es etwas besseres geben als einfach zu leben und die Dinge leicht zu nehmen?"

Die Leute finden etwas heraus, lernen wie es funktioniert und benützen die Natur. Sie denken, das sei zum Wohl des Menschengeschlechts. Das Resultat all dessen ist bis heute, daß der Planet verschmutzt worden ist, die Leute verwirrt worden sind und wir das Chaos moderner Zeiten verwirklicht haben.

Auf diesem Hof praktizieren wir „Nicht-Tun"-Ackerbau und essen gesunde, köstliche Getreide, Gemüse und Zitrusfrüchte. Es liegt Sinn und Befriedigung darin, einfach nahe an der Quelle aller Dinge zu leben. Leben ist Gesang und Dichtung.

Der Bauer bekam zu viel Arbeit, als die Leute begannen, die Welt zu erforschen und beschlossen, daß es „gut" sei, dies oder das zu tun. All meine Forschung ging in die Richtung *nicht* dies oder das zu tun. Diese 30 Jahre haben mich gelehrt, daß Bauern besser dran wären, würden sie fast überhaupt nichts tun.

Je mehr Menschen tun, desto mehr entwickelt sich die Gesellschaft und desto mehr Probleme entstehen. Die wachsende Verwüstung der Natur, die Erschöpfung der Rohstoffe, die Unruhe und Zerstörung des menschlichen Geistes, alles ist zuwege gebracht worden durch den Versuch der Menschheit, etwas zu vollbringen. Ursprünglich gab es keinen Grund für Fortschritt und nichts, das hätte getan werden müssen. Wir sind zu dem Punkt gekommen, wo es keinen anderen Weg gibt, als eine „Bewegung" zu gründen, die nichts zustande bringen will.

Ich wurde geboren, um zum Kindergarten zu gehen

Ein junger Mann mit einem Beutel über der Schulter kam gemächlich auf uns zu, als wir auf den Feldern arbeiteten.

„Wo kommen Sie her?“ fragte ich. „Von da drüben.“

„Wie kamen Sie hierher?“ „Zu Fuß.“

„Wozu sind Sie hergekommen?“ „Ich weiß nicht.“

Die meisten, die hierher kommen, haben keine Eile, ihre Namen oder ihre Vergangenheit zu enthüllen. Auch ihre Ziele drücken sie nicht klar aus. Da viele wirklich nicht wissen, warum sie kommen, ist das kein Wunder.

Zu Anfang weiß ein Mensch nicht, woher er kommt oder wohin er geht. Zu sagen, man kam aus dem Leib der Mutter und kehrt zur Erde zurück, ist eine biologische Erklärung. Aber niemand weiß, was vor der Geburt existierte oder welche Art von Welt uns nach dem Tode erwartet.

Geboren, ohne den Grund zu erkennen, nur um dann die Augen zu schließen und in das unendliche Unbekannte zu gehen — das menschliche Schicksal ist in der Tat tragisch.

Eines Tages fand ich einen geflochtenen Schilfhut, der von einer Pilgergruppe, die den Tempel von Shikoku besucht hatte, zurückgelassen worden war. Er trug die Worte: „Ursprünglich kein Ost oder West / Zehn unterschiedliche Richtungen.“ Den Hut in meinen Händen haltend, fragte ich den Jugendlichen wieder, woher er gekommen sei und er sagte, er sei der Sohn eines Priesters in Kanazawa und da es Dummheit sei, den ganzen Tag bis ans Ende in den Schriften zu lesen, wolle er Bauer werden.

Es gibt keinen Osten oder Westen. Die Sonne geht im Osten auf, im Westen unter. Aber das ist nur eine astronomische Beobachtung. Das Wissen, daß man weder Ost noch West versteht, ist der Wahrheit näher. Tatsächlich weiß niemand, woher die Sonne kommt.

Unter den zehntausenden heiliger Schriften ist es das Herz-Sutra, für das man am dankbarsten sein muß, weil dort all die wichtigen Punkte behandelt sind. Gemäß dieses Sutra „Erklärte Buddha: ‚Form ist Leere, Leere ist Form.

Materie und Geist sind eins, aber alles ist leer. Der Mensch lebt nicht, ist nicht tot, ist ungeboren und unsterblich, ohne Alter und Krankheit, ohne Mehrung und ohne Minderung.' "

Eines Tages, als wir den Reis ernteten, sagte ich zu den jungen Leuten, die an einen großen Strohhaufen gelehnt ausruhten: „Es sieht so aus, als wenn Reis, im Frühling gepflanzt, lebendige Sprossen treibt und jetzt, wo wir ernten, zu sterben scheint. Tatsache ist, wenn dieses Ritual jedes Jahr wiederholt wird, bedeutet das, daß das Leben auf diesem Feld fortdauert und daß der alljährliche Tod selbst alljährliche Geburt ist. Der Reis, den wir heute schneiden, lebt für immer weiter."

Gewöhnlich sehen Menschen Leben und Tod aus einer sehr begrenzten Perspektive. Welchen Sinn hat die Geburt des Frühlings und der Tod des Herbstes für dieses Gras? Die Leute denken, Leben ist Freude und Tod ist Trauer, aber das Reiskorn, das in der Erde liegt und im Frühling sprießt, dessen Blätter und Stiele im Herbst welken, hält doch in seinem winzigen Kern die Lebensfreude. Die Freude des Lebens stirbt nicht mit dem Tod. Der Tod ist nur ein flüchtiger Übergang. Ist es denn nicht so, daß dieser Reis, weil er die volle Freude des Lebens besitzt, die Trauer des Todes nicht kennt?

Was dem Reis und der Gerste geschieht, geht fortwährend im menschlichen Körper vor. Tag für Tag wachsen Haare und Nägel, zehntausende Zellen sterben, zehntausende werden geboren. Das Blut im Körper heute ist nicht das gleiche wie vor einem Monat.

Wenn man meint, die eigenen Charaktereigenschaften werden in den Körpern der Kinder und Enkelkinder fortleben, dann kann man sagen, daß man jeden Tag stirbt und wiedergeboren wird und doch viele Generationen nach dem Tode weiterlebt.

Wenn die Teilnahme an diesem Zyklus jeden Tag erfahren und ausgekostet wird, ist nichts mehr notwendig. Aber die meisten Leute sind nicht fähig, das Leben so zu genießen, wie es jeden Tag vorübergeht und sich verändert. Sie klammern sich ans Leben, wie sie es schon erlebt haben und dieses Verhaftetsein schafft Angst vor dem Tod. Sie schenken nur der Vergangenheit, die schon vorbei ist, ihre Aufmerksamkeit, oder der Zukunft, die noch kommen soll, und vergessen, daß sie Hier und Jetzt auf der Erde leben. In Verwirrung ringend sehen sie ihr Leben wie in einem Traum vorüber gehen.

„Wenn Leben und Tod Wirklichkeiten sind, ist menschliches Leid nicht unvermeidlich?"

„Es gibt kein Leben oder Tod."

„Wie können Sie das sagen?"

Die Welt selbst ist eine Einheit aus Materie im Fluß der Erfahrung, aber der

Verstand der Menschen teilt Erscheinungen in Dualitäten wie Leben und Tod, Yin und Yang, Sein und Leere. Der Verstand lehrt, an die absolute Gültigkeit dessen zu glauben, was die Sinne wahrnehmen und dann verwandelt sich die Materie, wie sie ist, zum ersten Mal in Dinge, wie die Menschen sie normalerweise wahrnehmen.

Die Formen der materiellen Welt, Vorstellungen von Leben und Tod, Gesundheit und Krankheit, Freude und Leid, alle entstehen sie im menschlichen Verstand. Als Buddha in dem Sutra sagte, daß alles leer ist, verneinte er nicht nur die innere Realität von allem, was vom menschlichen Intellekt konstruiert wurde, sondern er erklärte, daß auch menschliche Gefühle Illusionen sind.

„Sie meinen, *alles* ist Illusion? Sonst gibt es nichts?"

„Sonst nichts? Die Vorstellung von ‚leer' ist offenbar noch in Deinem Verstand geblieben," sagte ich zu dem Jungen. „Wenn Du nicht weißt, woher Du kamst oder wohin Du gehst, wie kannst Du dann sicher sein, daß Du hier bist und vor mir stehst? Ist Existenz bedeutungslos?"

„..."

An einem Morgen hörte ich ein vierjähriges Mädchen ihre Mutter fragen: „Wozu bin ich in diese Welt geboren worden? Um zum Kindergarten zu gehen?"

Natürlich konnte ihre Mutter nicht ehrlich sagen: „Ja, das ist richtig, nun aber los mit Dir." Und dennoch könnte man sagen, daß die Menschen heute geboren *werden* um zum Kindergarten zu gehen.

In ihrer ganzen Schulzeit studieren die Leute fleißig, um zu lernen, warum sie geboren wurden. Gelehrte und Philosophen sagen, sie wären zufrieden, wenn sie nur diese Sache verstünden, auch wenn sie ihr Leben damit ruinieren würden.

Ursprünglich hatten Menschen keine Aufgabe. Heute erfinden sie sich diesen oder jenen Zweck und kämpfen schwer, um den Sinn des Lebens zu finden. Es ist ein Ein-Mann-Ringkampf. Es gibt keine Aufgabe, über die man nachdenken oder die man suchen muß. Man täte gut daran, die Kinder zu fragen, ob ein Leben ohne Zweck sinnlos ist oder nicht.

Vom Zeitpunkt an, wo sie in den Kindergarten eintreten, beginnen die Leiden der Leute. Der Mensch war eine glückliche Kreatur, aber er schuf eine harte Welt und kämpft nun schwer, um daraus auszubrechen.

In der Natur gibt es Leben und Tod und die Natur ist voller Freude.

In der Gesellschaft gibt es Leben und Tod und die Menschen leben in Trauer.

Treibende Wolken und die Illusion der Wissenschaft

Heute morgen reinige ich Zitrus-Kisten am Fluß. Als ich mich auf einen flachen Fels stütze, fühlen meine Hände die Kühle des herbstlichen Flusses. Die roten Blätter der Sumach entlang des Ufers ragen gegen den klaren blauen Herbsthimmel. Ich bin wunderbar von der unerwarteten Pracht der Äste berührt, die gegen den Himmel ragen.

In dieser zufälligen Szene ist die gesamte Welt der Erfahrung gegenwärtig. Fließendes Wasser, der Fluß der Zeit, das linke und das rechte Ufer, Sonnenschein und Schatten, rote Blätter und blauer Himmel — alle erscheinen im heiligen, stillen Buch der Natur. Und der Mensch ist ein schwankendes, denkendes Schilfrohr.

Sobald er fragt, was Natur ist, muß er fragen, was dieses ,,was" ist, und was dieser Mensch ist, der fragt, was dieses ,,was" ist. Das heißt, er gerät in eine Welt endlosen Fragens.

Im Versuch, ein klares Verständnis zu erlangen, was es ist, das ihn mit Verwunderung erfüllt, was es ist, das ihn erstaunt, gibt es zwei mögliche Wege. Der erste ist, tief in sich selbst hineinzuschauen, in ihn, der die Frage stellt: ,,Was ist Natur?"

Der zweite ist, die Natur getrennt vom Menschen zu untersuchen.

Der erste Pfad führt zum Reich der Philosophie und Religion. In gedankenleerem Schauen ist es nicht unnatürlich zu sehen, wie das Wasser von oben nach unten fließt, aber es liegt auch kein Widerspruch darin, wenn man das Wasser stillstehen und die Brücke vorbei fließen sieht.

Folgt man hingegen dem zweiten Pfad, wird das Bild in eine Vielzahl verschiedener Erscheinungen unterteilt, das Wasser, die Geschwindigkeit des Flusses, die Wellen, der Wind und die weißen Wolken — sie alle werden gesondert zu Objekten der Forschung, führen zu weiteren Fragen, die sich endlos in alle Richtungen ausstrecken. Das ist der Pfad der Wissenschaft.

Früher war die Welt einfach. Man merkte nur beiläufig, daß man von den Tautropfen naß wurde, wenn man durch eine Wiese schlenderte. Aber von der Zeit an, als die Leute versuchten, diesen Tautropfen wissenschaftlich zu erklären, fingen sie sich selbst in der endlosen Hölle des Intellekts.

Wassermoleküle bestehen aus Wasserstoff- und Sauerstoffatomen. Die Leute dachten einst, daß die Atome die kleinsten Teilchen in der Welt seien, aber dann fanden sie heraus, daß innerhalb des Atoms noch ein Kern ist. Nun haben sie entdeckt, daß innerhalb des Kerns sogar noch kleinere Partikel sind. Von diesen Nuklearteilchen gibt es hunderte verschiedene Arten und niemand weiß, wo die Erforschung dieser winzigen Welt enden wird.

Es heißt, der Weg, den die Elektronen bei ultrahoher Geschwindigkeit innerhalb des Atoms zurücklegen, genauso wie der Flug der Kometen innerhalb der Galaxis ist. Für den Atomphysiker ist die Welt der Elementarteilchen eine Welt, so unermeßlich wie das Universum selbst. Und doch hat es sich herausgestellt, daß es neben der Galaxis, in der wir leben, noch zahlreiche andere Galaxien gibt. In den Augen des Kosmologen wird unsere gesamte Galaxis folglich unendlich klein.

Tatsache ist, die Leute, die meinen, ein Wassertropfen sei einfach oder ein Felsen starr und unbeweglich, sind glückliche unwissende Narren und die Wissenschaftler, die wissen, daß der Wassertropfen ein großes Universum und der Felsen eine aktive Welt aus Elementarteilchen ist, die wie Raketen herumschießen, kluge Narren. Einfach betrachtet ist diese Welt real und nahe. Komplex gesehen wird die Welt beängstigend abstrakt und entfernt.

Die Wissenschaftler, die sich freuten, als Felsen vom Mond zurückgebracht wurden, haben weniger vom Mond begriffen, als die Kinder, wenn sie singen: „Wie alt bist du, Herr Mond?" Basho (ein berühmter japanischer *haiku*-Dichter — 1644-1694) konnte das Wunder der Natur begreifen, indem er die Reflektion des Vollmondes in der Ruhe eines Teiches betrachtete. Alles, was die Wissenschaftler taten, als sie in den Weltraum hinausgingen und in ihren Raumschiffen herumfuhren, war, ein wenig von dem Glanz des Mondes für Millionen Liebende und Kinder auf der Welt zu trüben.

Wie kommt es, daß die Menschen denken, Wissenschaft sei für die Menschheit von Vorteil?

Ursprünglich wurde in diesem Dorf das Korn mit einer Steinmühle zu Mehl gemahlen, die langsam von Hand gedreht wurde. Dann wurde eine Wassermühle gebaut, die unvergleichlich mehr Kraft hatte als das alte Steinmahlwerk und die Kraft des Flusses nutzbar machen sollte. Vor mehreren Jahren wurde ein Damm erbaut, um Elektrizität aus Wasserkraft zu produzieren und es wurde eine elektrisch betriebene Mühle errichtet.

Wie soll nun diese moderne Maschinerie zum Wohle des Menschen arbeiten? Um Reis zu Mehl zu mahlen, wird er zuerst poliert — das bedeutet, zu weißem Reis verarbeitet. Das heißt, das Getreide schälen, den Keim und die Kleie entfernen, welche die Basis guter Gesundheit sind und die Überreste (Im Japanischen sind die Symbole für ,,Überreste'' — *kasu* ausgesprochen — von Stammsymbolen gebildet, die ,,weiß" und ,,Reis" bedeuten. Die Symbole für ,,Kleie" — *nuka* — sind aus ,,Reis" und ,,Gesundheit" zusammengesetzt.) zurückbehalten. Und so ist das Resultat dieser Technologie die Aufteilung des vollen Korns in unvollständige Nebenprodukte. Wird der leicht verdauliche weiße Reis zum täglichen Hauptnahrungsmittel, mangelt es der Ernährung an Nährstoffen und Ergänzungsstoffe werden notwendig. Das Wasserrad und die Mühlenfabrik führen die Arbeit des Magens und der Därme aus und bewirken, daß diese Organe faul werden.

Mit Brennstoff ist es das gleiche. Rohöl bildet sich, wenn die Fasern uralter Pflanzen, die tief in der Erde begraben sind, bei großem Druck und Hitze umgewandelt werden. Diese Substanz wird in der Wüste ausgegraben, über Pipelines zu einem Hafen gepumpt, dann mit einem Schiff transportiert und in einer großen Raffinerie zu Kerosin und Öl verarbeitet.

Was ist schneller, wärmer und bequemer, dieses Kerosin zu verbrennen oder die Äste der Zeder oder Kiefer, die vor dem Haus steht? (In der heutigen Zeit gibt es in großen Teilen der Welt einen Mangel an Brennholz. In Fukuokas Argument ist die Notwendigkeit von Baumpflanzungen inbegriffen. Umfassender gesagt, Fukuoka schlägt bescheidene, direkte Antworten auf die Bedürfnisse des täglichen Lebens vor.) Der Brennstoff ist die gleiche pflanzliche Materie. Das Öl und Kerosin braucht nur einen längeren Weg um hierher zu gelangen.

Heute heißt es, daß die fossilen Brennstoffe nicht ausreichen und daß wir Atomenergie entwickeln müssen. Das seltene Uranerz ausfindig zu machen, es zu radioaktivem Brennstoff zu pressen und in einem riesigen Atommeiler zu verwenden, ist nicht so leicht wie trockene Blätter mit einem Streichholz anzuzünden. Überdies läßt das Herdfeuer nur Asche zurück, aber nachdem ein Nuklearfeuer gebrannt hat, bleibt der Rest für tausende Jahre gefährlich.

Das gleiche Prinzip gilt für die Landwirtschaft. Baut man eine weiche, fette Reispflanze im überfluteten Feld an, so wird daraus eine leicht von Insekten und Krankheiten befallene Pflanze. Werden ,,veredelte" Samensorten verwendet, muß man sich auf die Hilfe von chemischen Insektiziden und Düngern verlassen.

Wenn man auf der anderen Seite eine kleine, starke Pflanze in gesunder Umwelt anbaut, sind diese Chemikalien überflüssig.

Bearbeitet man ein überflutetes Feld mit Pflug oder Traktor, wird die Erde arm an Sauerstoff, die Bodenstruktur bricht zusammen, Regenwürmer und andere Tiere werden vernichtet und die Erde wird hart und leblos. Sobald das geschehen ist, *muß* das Feld jedes Jahr gepflügt werden. Wenn aber eine Methode übernommen wird, mit der die Erde sich selbst auf natürliche Weise kultivieren kann, ist weder Pflug noch Bearbeitungsmaschine notwendig.

Nachdem die organische Materie und die Mikroorganismen aus dem lebendigen Boden entfernt wurden, wird die Verwendung schnell-löslicher Dünger notwendig. Wird chemischer Dünger benutzt, wächst der Reis schnell und hoch, aber auch das Unkraut. Dann werden Herbizide angewandt, die von Vorteil sein sollen.

Wenn aber mit dem Getreide zusammen Klee gesät wird und Stroh und organische Rückstände auf die Feldoberfläche als Mulch zurückgeführt werden, können die Feldfrüchte ohne Herbizide, Chemiedünger oder fertigen Kompost angebaut werden.

Im Ackerbau gibt es wenig, was nicht aufgegeben werden könnte. Fertiger Dünger, Herbizide, Insektizide, Maschinen — alle sind unnötig. Werden aber Bedingungen geschaffen, in denen sie gebraucht werden, dann ist die Kraft der Wissenschaft nötig.

Ich habe auf meinen Feldern demonstriert, daß natürlicher Anbau Ernten produziert, die mit jenen der modernen wissenschaftlichen Landwirtschaft vergleichbar sind. Wenn die Ergebnisse einer nicht-aktiven Landwirtschaft mit jenen der Wissenschaft vergleichbar sind — mit einem Bruchteil der investierten Arbeit und der Rohstoffe — wo ist dann der Vorteil der wissenschaftlichen Technologie?

Die Relativitätstheorie

Ich war erstaunt, als ich in das helle Sonnenlicht des Herbsthimmels hinausschaute und die umliegenden Felder überblickte. Auf jedem Feld — außer meinem — fuhr eine Reis-Erntemaschine oder ein Mähdrescher herum. Während der letzten drei Jahre hat sich dieses Dorf unglaublich verändert.

Wie zu erwarten, sind die jungen Leute auf dem Berg auf den Wechsel zur Mechanisierung nicht neidisch. Sie genießen die stille, friedliche Ernte mit der alten Handsichel.

In der Nacht, als wir das Abendessen beendeten, erinnerte ich mich beim Tee daran, wie zu alten Zeiten in diesem Dorf, als die Bauern ihre Felder von Hand bearbeiteten, ein Mann begann, eine Kuh einzuspannen. Er war sehr stolz auf die Leichtigkeit und Schnelligkeit, mit der er die mühsame Arbeit des Pflügens vollenden konnte. Vor 20 Jahren, als der erste Traktor fuhr, kamen alle Dörfler zusammen und debattierten ernsthaft, was besser sei, die Kuh oder die Maschine. Nach 2 oder 3 Jahren war klar, daß Pflügen mit der Maschine schneller ging und ohne über die Zeitersparnis und Bequemlichkeit hinauszudenken gaben die Bauern ihre Zugtiere auf. Der Grund war nur der, die Arbeit schneller als der Bauer auf dem Nachbarfeld zu beenden.

Der Bauer erkennt nicht, daß er nur ein Faktor in der modernen Landwirtschafts-Gleichung von steigender Geschwindigkeit und Wirkungsgrad geworden ist. Er läßt den Landmaschinen-Händler alle Berechnungen für sich tun.

Ursprünglich schauten die Menschen in einen sternenklaren Nachthimmel und empfanden Ehrfurcht vor der Weite des Universums. Heute sind Fragen von Zeit und Raum vollständig den Überlegungen der Wissenschaftler überlassen.

Es heißt, daß Einstein den Nobelpreis aus Achtung vor der Unverständlichkeit seiner Relativitätstheorie erhielt. Hätte seine Theorie klar die Erscheinung der Relativität in der Welt erklärt und so die Menschheit von den Grenzen von Zeit und Raum befreit und eine angenehmere und friedlichere Welt herbeigeführt, so wäre das lobenswert gewesen. Seine Erklärung ist jedoch verwirrend und sie brachte die Leute dazu, zu denken, die Welt sei komplex über alles mögliche Verstehen hinaus. Stattdessen wäre besser eine Auszeich nung für „Stören des Friedens des menschlichen Geistes" verliehen worden.

In der Natur gibt es keine Welt der Relativität. Die Vorstellung relativer Erscheinungen ist eine Struktur, die durch den menschlichen Intellekt in Erfahrung gebracht wird. Andere Tiere leben in einer Welt ungeteilter Wirklichkeit. In dem gleichen Maße, in der man in der relativen Welt des Intellekts lebt, verliert man die Zeit, die jenseits der Zeit liegt und den Raum, der jenseits des Raumes liegt, aus den Augen.

„Ihr wundert Euch sicher, warum ich diese Gewohnheit habe, ständig auf der Wissenschaft herumzuhacken," sagte ich und trank ein Schlückchen Tee. Die jungen Leute blickten lächelnd auf, ihre Gesichter glänzten und flackerten im Feuerlicht. „Das ist, weil die Rolle des Wissenschaftlers in der Gesellschaft analog der Rolle der Unterscheidung nach Eurem eigenen Verstand ist."

Ein Dorf ohne Krieg und Frieden

Eine Schlange fängt einen Frosch mit ihrem Maul und schlüpft fort unter das Gras. Ein Mädchen schreit. Ein tapferer Junge zeigt seinen Haß und schleudert einen Stein nach der Schlange. Die anderen lachen. Ich wende mich an den Jungen, der den Stein warf: ,,Was denkst Du, was Du damit erreichst?"

Der Habicht jagt die Schlange. Der Wolf greift den Habicht an. Der Mensch tötet den Wolf und unterliegt später einem Tuberkulose-Virus. Bakterien vermehren sich in den Überresten des Menschen und andere Tiere, Gräser und Bäume gedeihen durch die Nährstoffe, die die Bakterienaktivität verfügbar macht. Insekten greifen die Bäume an, der Frosch frißt die Insekten.

Tiere, Pflanzen, Mikroorganismen — alle sind Teil des Lebenszyklus. Wenn sie ein angemessenes Gleichgewicht aufrechterhalten, leben sie ein natürlich reguliertes Leben. Menschen haben die Wahl, diese Welt entweder als ein Modell zu sehen, in dem die Starken die Schwachen verzehren oder als Welt der Ko-Existenz und des gegenseitigem Nutzen. Doch in beiden Fällen ist es eine willkürliche Interpretation, die Wind und Wellen verursacht und Unordnung und Verwirrung herbeiführt.

Erwachsene denken, der Frosch verdiene ihr Mitgefühl. Sie empfinden Mitleid wegen seines Todes und verabscheuen die Schlange. Dieses Gefühl mag natürlich erscheinen, nur eine Selbstverständlichkeit, aber ist es das, was es wirklich ist?

Ein Jugendlicher sagt: ,,Wenn das Leben als Wettstreit gesehen wird, in dem die Starken die Schwachen vernichten, wird das Gesicht der Erde zu einer Hölle von Gemetzel und Zerstörung. Aber es ist unvermeidlich, daß die Schwachen geopfert werden, damit die Starken überleben können. Daß die Starken gewinnen und überleben und daß die Schwachen aussterben, ist ein Naturgesetz. Nach Millionen von Jahren sind die heute auf der Erde lebenden Kreaturen im Daseinskampf siegreich gewesen. Man könnte sagen, daß das Überleben der Angepaßtesten eine Vorsehung der Natur ist."

In der Natur existiert keine Welt der Relativität.

Ein zweiter Jugendlicher sagte: „So scheint es jedenfalls den Gewinnern. So wie ich es sehe, ist die Welt eine Ko-Existenz zum gegenseitigen Nutzen. Am Fuße des Korns auf diesem Feld leben Klee und viele andere Arten von Unkraut und Gräsern ihr gegenseitig nützliches Leben. Efeu rankt um die Bäume, Moos und Flechten leben an Baumstamm und Ästen. Farne breiten sich unter dem Walddach aus. Vögel und Frösche, Pflanzen und Insekten, kleine Tiere, Bakterien, Pilze — alle Kreaturen spielen wichtige Rollen und ziehen Nutzen aus der Existenz der anderen."

Ein dritter sprach: „Die Erde ist eine Welt der Starken, die die Schwachen vernichten, und ebenso eine der Ko-Existenz. Die stärkeren Kreaturen nehmen nicht mehr Nahrung als nötig. Auch wenn sie andere Kreaturen angreifen, bleibt das große Gleichgewicht der Natur erhalten. Die Vorsorge der Natur ist ein strenges Gesetz, das Frieden und Ordnung auf der Erde bewahrt."

Drei Leute und drei Meinungen. Ich widersprach allen dreien.

Die Welt fragt niemals, ob sie auf einem Prinzip des Wettbewerbs oder der Zusammenarbeit basiert. Aus der relativen Perspektive des menschlichen Intellekt gesehen gibt es solche, die stark sind, und solche, die schwach sind. Es gibt Großes und es gibt Kleines.

Es gibt nun keinen, der bezweifelt, daß diese relative Auffassung existiert. Würden wir aber annehmen, daß die Relativität der menschlichen Wahrnehmung falsch ist — zum Beispiel, daß es nichts Großes und nichts Kleines gibt, kein Oben und Unten — falls wir sagen, daß es überhaupt keinen solchen Standpunkt gibt, dann würden menschliche Werte und Beurteilungen zusammenbrechen.

„Ist diese Sichtweise der Welt nicht ein leerer Flug der Einbildung? In der Realität gibt es große Länder und kleine Länder. Wenn es Armut und Überfluß gibt, Starke und Schwache, gibt es unvermeidlich auch Streit und konsequenterweise auch Gewinner und Verlierer. Könnte man nicht vielmehr sagen, daß diese relativen Wahrnehmungen und die resultierenden Emotionen menschlich und daher natürlich sind, daß sie ein einzigartiges Privileg des Menschseins sind?"

Andere Tiere kämpfen, führen aber keinen Krieg. Wenn man sagt, daß Kriegführen, das von Vorstellungen über Stark und Schwach abhängt, der Menschheit besonderes „Privileg" ist, dann ist das Leben eine Farce. Von dieser Farce nicht zu wissen, daß sie eine Farce ist — darin liegt die menschliche Tragödie.

Die einzigen, die friedvoll in einer Welt ohne Widersprüche und ohne Unterscheidungen leben, sind Kinder. Sie nehmen Hell und Dunkel wahr, Stark und Schwach, fällen aber keine Urteile. Auch wenn die Schlange und der

Frosch existieren, hat das Kind kein Verständnis von Stark und Schwach. Dort ist die ursprüngliche Freude des Lebens, aber die Angst vor dem Tod ist noch nicht da.

Die Liebe und der Haß, die in den Erwachsenenaugen aufsteigen, waren ursprünglich keine zwei getrennten Dinge. Sie sind die zwei Seiten der Medaille. Liebe gibt dem Haß Substanz. Dreht man die Münze der Liebe um, so wird sie zu Haß. Nur durch Eindringen in eine absolute Welt ohne Aspekte ist es möglich zu vermeiden, in der Dualität der Erscheinungswelt verlorenzugehen.

Leute unterscheiden zwischen dem Selbst und Anderen. Im gleichen Maße wie das Ego existiert, im gleichen Maße wie es einen „Anderen" gibt, werden die Menschen nicht von Liebe und Haß befreit. Das Herz, das das böse Ego liebt, erschafft den gehaßten Feind. Für Menschen ist der erste und größte Feind das eigene Selbst, das ihnen so teuer ist.

Die Menschen wählen zwischen angreifen und sich verteidigen. Im sich ergebenden Kampf klagen sie sich gegenseitig der Anstiftung des Konfliktes an. Es ist wie das In-Die-Hände-Klatschen und dann darüber streiten, welche Hand den Ton erzeugt, die rechte oder die linke. In jedem Streit gibt es weder Richtig noch Falsch, weder Gut noch Schlecht. Alle bewußten Unterscheidungen entstehen gleichzeitig und sind alle ein Irrtum.

Eine Festung zu bauen ist von Anfang an falsch. Auch mit der Entschuldigung, daß es zur Verteidigung der Stadt ist, stellt die Festung das Ergebnis der Persönlichkeit des regierenden Herrschers dar und erzeugt einen Zwang auf die umliegende Umgebung. Der Tyrann sagt, er befürchte einen Angriff und daß die Befestigung dem Schutze der Stadt diene, so rüstet er sich mit Waffen und steckt den Schlüssel in die Tasche.

Der Akt der Verteidigung ist schon ein Angriff. Waffen zur Verteidigung geben immer jenen einen Vorwand, die Kriege anstiften. Das Übel des Krieges kommt aus der Stärkung und Übertreibung leerer Unterscheidungen von Selbst/Anderen, Stark/Schwach, Angriff/Verteidigung.

Es gibt nur einen Weg zum Frieden: daß alle Menschen das Schloßtor der relativen Wahrnehmung verlassen, hinunter auf die Wiese gehen und zum Herz der nicht-aktiven Natur zurückkehren. Das heißt die Sichel statt des Schwertes schärfen.

Die Bauern von früher waren ein friedliches Volk. Aber heute streiten sie sich mit Australien um Fleisch, mit Rußland um Fisch und sind von Amerikas Weizen und Sojabohnen abhängig.

Ich habe das Gefühl, als ob wir in Japan im Schatten eines großen Baumes leben und es gibt keinen gefährlicheren Platz während eines Gewitters als un ter einem großen Baum. Und es gibt nichts Dümmeres, als unter einem „Nuklear-Regenschirm" Schutz zu suchen, der das erste Ziel im nächsten Krieg ist. Heute bestellen wir die Erde unter diesem dunklen Schirm. Ich habe das Gefühl, als ob sich eine Krise sowohl von Innen als auch von Außen nähert.

Wirf die Aspekte von Innen und Außen von Dir. Die Bauern überall auf der Welt sind im Wesen die gleichen Bauern. Laßt uns sagen, daß der Schlüssel zum Frieden dicht am Boden liegt.

Der Strohhalm der Revolution

Unter den jungen Leuten, die zu diesen Berghütten kommen, gibt es welche, die krank an Körper und Geist sind, die alle Hoffnungen aufgegeben haben. Ich bin ein alter Bauer, der sich grämt, daß er sie nicht einmal mit einem paar Sandalen versorgen kann — aber es gibt eine Sache, die ich ihnen geben *kann*: Einen Strohhalm.

Ich hob einen Halm vor den Hütten auf und sagte: ,,Mit diesem einen Strohhalm kann eine Revolution beginnen.''

,,Bei der nahenden Vernichtung der Menschheit wollen Sie sich hoffnungsvoll an einen Strohhalm klammern?'' sagte ein Jugendlicher mit einem Anflug von Bitterkeit in seiner Stimme.

Der Halm erscheint leicht und klein und die meisten Leute wissen nicht, wie schwer er wirklich ist. Wüßten die Leute vom wahren Wert dieses Strohs, käme eine Revolution, die machtvoll genug wäre, um das Land und die Welt zu bewegen.

Als ich ein Kind war, gab es einen Mann, der beim Inuyose-Pass lebte. Er brachte Holzkohle auf dem Pferderücken etwa 3 km entlang der Straße von der Bergspitze bis zum Hafen Gunchu. Und doch wurde er reich. Wenn man fragt, wie, erzählen die Leute, daß er auf seinem Weg heimwärts das weggeworfene Stroh und den Pferdemist vom Straßenrand sammelte und es auf seinem Feld verteilte. Sein Motto war: ,,Behandele einen Strohhalm als etwas Wichtiges und mache nie einen nutzlosen Schritt.'' Das machte ihn zu einem wohlhabenden Mann.

,,Selbst wenn Sie das Stroh anzünden würden, glaube ich nicht, daß es einen Funken gibt, der eine Revolution beginnt.''

Eine sanfte Brise rauschte durch den Obstgarten, Sonnenlicht flimmerte zwischen den grünen Blättern. Ich begann über den Gebrauch von Stroh beim Reisanbau zu sprechen.

Es ist beinahe 40 Jahre her, seit ich erkannte, wie wichtig Stroh beim Anbau von Reis und Gerste sein kann. Zu jener Zeit, als ich an einem alten Reisfeld in der Kochi-Präfektur vorbeiging, das viele Jahre ungenutzt und unbearbeitet geblieben war, sah ich gesunden jungen Reis durch ein Gewirr von Unkraut und Stroh hervorsprießen, das sich auf der Feldoberfläche angesammelt hatte. Nachdem ich viele Jahre an den Schlußfolgerungen daraus arbeitete, wurde ich durch die Entwicklung einer völlig neuen Methode zum Reis- und Gerstenanbau bekannt.

Da ich glaube, daß dies eine natürliche und revolutionäre Anbauweise ist, schrieb ich darüber in Büchern und Zeitschriften und sprach einige Male in Fernsehen und Radio.

Es ist eine einfache Sache, aber die Bauern sind in ihrem Denken, wie Stroh benutzt werden sollte, so starr, daß es unwahrscheinlich ist, daß sie Veränderungen schnell annehmen. Es kann gefährlich sein, frisches Stroh auf dem Feld auszustreuen, denn Reis-Mehltau und Stammfäule sind im Reisstroh immer vorhandene Krankheiten. In der Vergangenheit haben diese Krankheiten großen Schaden verursacht und das ist einer der Hauptgründe, warum die Bauern das Stroh immer zu Kompost verarbeiten, bevor sie es zurück auf das Feld geben. Vor langer Zeit wurde sorgfältiger Gebrauch von Reisstroh allgemein als Gegenmaßnahme gegen Mehltaukrankheit praktiziert und es gab Zeiten in Hokkaido, als die Verbrennung gesetzlich gefordert wurde.

Auch Stammbohrer dringen ins Stroh ein, um den Winter zu überleben. Um eine Plage dieser Insekten zu verhindern, pflegten die Bauern gewöhnlich das Stroh sorgfältig den Winter über zu kompostieren, um sicher zu gehen, daß es bis zum nächsten Frühjahr völlig zersetzt wäre. Darum haben japanische Bauern immer ihre Felder so hübsch und ordentlich gehalten. Das praktische Wissen des täglichen Lebens war, daß der Bauer, wenn er Stroh herumliegen ließ, vom Himmel für seine Nachlässigkeit bestraft werden würde.

Nach Jahren des Experimentierens haben auch Experten meine Theorie bestätigt, daß es völlig sicher ist, sechs Monate vor der Aussaat frisches Stroh auf dem Feld zu verteilen. Das widerlegte alle bisherigen Vorstellungen über dieses Thema. Es wird aber noch eine Weile dauern, bis die Bauern empfänglich dafür werden, Stroh auf diese Weise zu verwenden.

Bauern haben Jahrhunderte daran gearbeitet, die Produktion von Kompost zu steigern. Das Ministerium für Landwirtschaft pflegte Subventionen zu zahlen, um die Kompost-Produktion zu fördern und alljährlich wurden Kompost-Wettbewerbe abgehalten. Die Bauern glaubten an den Kompost, als sei er die Schutzgottheit der Erde. Nun gibt es wieder eine Bewegung für mehr Kompost, ,,besseren" Kompost, mit Regenwürmern und ,,Kompost-Startern". Es gibt keinen Grund zu erwarten, daß dies — frisches unzerkleinertes Stroh auf den Feldern auszubreiten — leicht akzeptiert wird.

Als ich nach Tokio reiste, aus dem Fenster des Tokaido-Zuges sah, habe ich die Verwandlung der japanischen Landschaft gesehen. Wenn ich auf die Winterfelder schaue, deren Aussehen sich in 10 Jahren völlig verändert hat, fühle ich einen unbeschreiblichen Zorn. Die frühere Landschaft hübscher Felder mit grüner Gerste, chinesischer Wicke und blühendem Raps ist nirgendwo zu sehen. Stattdessen wird halbverbranntes Stroh grob auf Haufen getürmt und dem Regen ausgesetzt. Daß dieses Stroh vernachlässigt wird, ist der Beweis des Zerfalls im modernen Ackerbau. Die Unfruchtbarkeit dieser Felder enthüllt die Unfruchtbarkeit des Geistes der Bauern. Sie fordert die Verantwortung der Regierungsführer heraus und zeigt klar die Abwesenheit einer weisen landwirtschaftlichen Politik.

Der Mann, der vor mehreren Jahren über den „Gnadentod“ für den Anbau von Wintergetreide sprach, von seinem „stillen Abgang“ — was denkt er heute, wenn er diese leeren Felder sieht? Ich kann nicht länger ruhig bleiben, wenn ich die unfruchtbaren Felder im winterlichen Japan sehe. Mit diesem Halm werde ich allein die Revolution beginnen!

Die jungen Leute, die still zugehört hatten, brüllten nun vor Lachen.

„Eine Ein-Mann-Revolution! Morgen nehmen wir einen großen Sack voll Gerste-, Reis- und Kleesamen und brechen auf und tragen ihn über unseren Schultern, wie Okuninushi-no-mikoto (Der legendäre japanische Gott der Heilkunst, der herumreist und Glück aus einem großen Sack herausschüttelt, den er über seiner Schulter trägt.) und verstreuen die Samen über all die Felder von Tokaido.“

„Das ist keine ‚Ein-Mann-Revolution‘ “, lachte ich, „es ist eine Ein-Halm-Revolution!“

Als ich aus der Hütte in die Nachmittagssonne hinaustrat, hielt ich einen Moment inne und schaute über die umstehenden, mit reifen Früchten beladenen Obstbäume und auf die Hühner, die im Unkraut und im Klee scharrten. Dann begann ich meinen vertrauten Abstieg zu den Feldern.

Andere Bücher von Masanobu Fukuoka

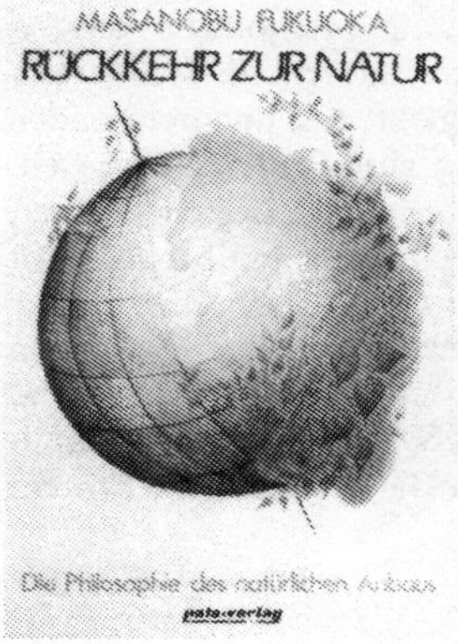

„Wenn der Bauer das Land vergißt, dem er seine Existenz verdankt, und nur noch seinen Eigennutz im Sinn hat, wenn der Verbraucher nicht mehr zwischen lebendiger Nahrung und solcher, die nur sättigt, unterscheiden kann, wenn der Beamte auf den Bauern herabschaut und die Industriellen die Natur verhöhnen, dann wird die Erde darauf mit ihrem Tod reagieren. Die Natur ist nicht so freundlich, eine Menschheit vorzuwarnen, die so unüberlegt handelt."

Getreideanbau ohne Bodenbearbeitung, ohne Kunstdünger und Unkrautbekämpfungsmittel, ja sogar ohne zubereiteten Kompost! Masanobu Fukuoka will von der Natur nichts Unmögliches verlangen und wird dafür mit hohen Erträgen belohnt. Statt zu versuchen, noch ein bißchen mehr zu tun, hat er Wege gefunden, die es ihm ermöglichen, möglichst wenig zu tun und auf unnötige Anstrengungen zu verzichten. Er bietet uns seine Vorstellung von der Bewirtschaftung der Erde an, auf der sich eine genügsame, dauerhafte und sich selbst erneuernde Gesellschaft aufbauen ließe.

In seinem Hauptwerk *The Natural way of Farming* dessen deutsche Übersetzung in zwei Bänden: *Rückkehr zur Natur* und *In Harmonie mit der Natur*, vorliegt, verrät uns Fukuoka, wie seine natürliche Landwirtschaft aussieht, seine Philosophie und Praxis, *mit* der Natur zu arbeiten und dadurch besser zu leben. Als Philosoph und als Realist zugleich zeigt uns Fukuoka seine gesunden Felder und spricht deutlich aus, wie wir unsere Art zu handeln ändern können und *müssen*, wenn wir auf Dauer in Frieden mit der Erde und mit uns selbst leben wollen.

Masanobu Fukuoka:
Rückkehr zur Natur
und
In Harmonie mit der Natur
je 160 Seiten; je 19,80 DM